Jutta Lammèr

Schöne alte Alphabete zum Nachsticken

Otto Maier Ravensburg

6 5 4 3   96 95 94 93

© 1984 Ravensburger Buchverlag Otto Maier GmbH
Umschlagfoto: Thomas A. Weiß
Fotos: Lammèr Produktion Hamburg
Zeichnungen: Heike Diem, Walter Emmrich, Hanni Nirk
Satz: Fotosatz Ruderer, Grünkraut
Gesamtherstellung: Himmer, Augsburg
Printed in Germany
ISBN 3-473-42471-4

Inhalt

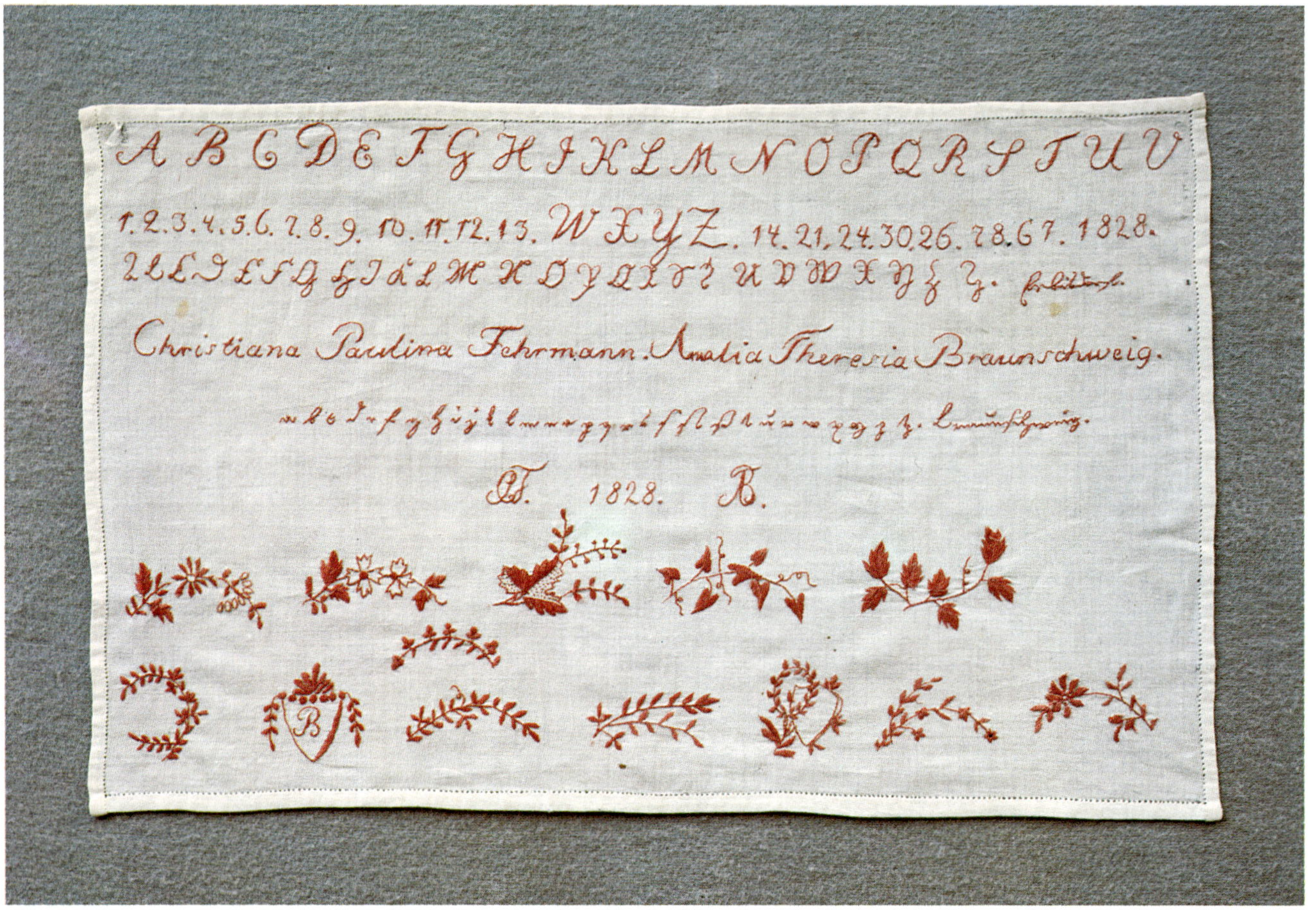

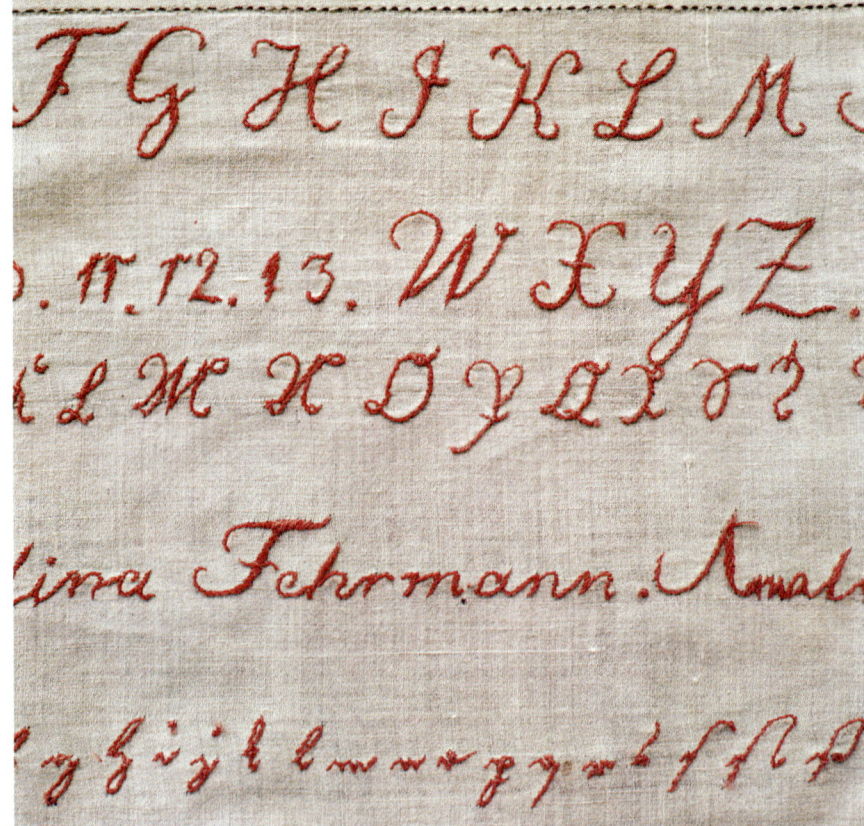

△ 1 Sticktuch aus dem Jahre 1828. Die z.T. deutschen, z.T. lateinischen Buchstaben, aus denen sich später die Sütterlinschrift und die Deutsche Normalschrift entwickelten, sind im Stielstich gearbeitet. Die Zierranken dagegen sind im Plattstich gearbeitet.

▷ 2 Der Ausschnitt rechts zeigt die unbeholfene Linienführung der Einzelbuchstaben. Es ist anzunehmen, daß die Stickerei aus freier Hand ohne Vorzeichnung ausgeführt wurde.

Einführung

Das Verzieren weißer Leinwand mit farbiger Stickerei ist seit dem 14. Jh. bekannt. Die Markierung der Wäsche mit gestickten Buchstaben oder Monogrammen hatte zunächst nur praktischen Sinn: Sie half die von den Frauen auf der Bleiche ausgebreiteten Wäschestücke schneller zu identifizieren. Mehr und mehr entwickelte sich die Buchstabenstickerei zu einer eigenständigen Handarbeitskunst, in der sowohl

Alte Volkskunst – neu belebt

3 Das Sticken von Buchstaben, Monogrammen oder ganzen Alphabeten ist international. Links eine zweiteilige Stickvorlage aus Griechenland.

Frauen aus dem Volke wie auch höhergestellte Damen der Gesellschaft einander zu übertreffen suchten. Die Grundformen der Buchstaben wurden weiterentwickelt und teilweise bis zur Unkenntlichkeit stilisiert, verformt oder verschnörkelt. Waren es zunächst die fadengebundenen Kreuzstiche, die diagonal zu den Fäden des Leinens eingestickt wurden, so kam mit zunehmender Feinheit des Gewebes mehr und mehr der Plattstich auf, der an den fein geschwungenen Anfängen und Ausläufen kursiver Buchstaben in Stielstichen endete. Häufig wurden solche Plattstichkunstwerke, einfädig auf feinstem Gewebe ausgeführt, noch mit Stielstichkonturen eingefaßt.

Im 18. Jh. wurde die Kreuzsticharbeit fast vollständig durch die Weißstickerei – Platt- und Stielstiche mit weißem Faden auf weißem Gewebe – verdrängt. Sie behauptete sich lediglich im Bereich bäuerlicher Handarbeiten.

Zu Beginn des 19. Jh. erlebte die Buchstabenstickerei eine Renaissance. Die aufkommenden Zeitschriften – vor allem „Bazar" und „Modenwelt", denen ein großer Teil der in diesem Buch gezeigten Vorlagen entnommen ist – brachten in fast allen Ausgaben Vorlagen zum Nachsticken. Eifrige Nadelarbeitslehrerinnen entwickelten neue Buchstabenformen und gaben im Selbstverlag kleine Heftchen heraus. Einige Alphabete daraus finden sich ebenfalls in diesem Buch. (Leider sind die Originalvorlagen nicht alle in einwandfreiem Zustand, so daß deren Wiedergabe drucktechnische Mängel aufweist.)

In jüngster Zeit ist ein erneuter Aufschwung der Stickerei zu verzeichnen, wobei kleine Einzelmotive, Buchstaben, Monogramme und Buchstabenkombinationen den Vorrang haben. Man bestickt nicht mehr Bett- und Tischwäsche, sondern plaziert die Buchstaben plakativ und unbekümmert auf allen textilen Gebrauchs- oder Schmuckgegenständen, ganz gleich, ob es sich um ein Namensschild, eine Grußkarte oder einen Regenschirm handelt.
Natürlich werden auch nach wie vor ganze Alphabete gestickt und, schön gerahmt, an die Wand gehängt.
Dieses Buch bietet eine Vielzahl schöner alter Buchstaben aus zwei Jahrhunderten an, deren Urformen noch älter sind. Vom wuchtigen A bis zum zierlichen Z findet jeder für seinen Zweck die richtige Vorlage als Zähl- oder Zeichenmuster.

Alle mit Kreuzen, Kästchen oder anderen Symbolen gekennzeichneten Alphabete können durch einfaches Nachzählen auf das Gewebe übertragen werden. Jedes Symbol steht für einen Kreuzstich, einen Kästchenstich, einen Doppelkreuzstich, einen Sternstich oder einen Halbstich. Diese Stickereien führt man entweder auf Stoffen mit zählbaren Gewebefäden aus (gleiche Fadendichte in Höhe und Breite), oder man überdeckt einen Stoff mit nicht zählbaren Gewebefäden mit einem sogenannten Zählstoff (z. B. Stramin). Dieser wird auf den Stoff geheftet und überstickt (Abb. 4). Am besten nimmt man dazu weichen ungeleimten Stramin. Nach Fertigstellung der Stickerei, bei der man die Nadel stets genau senkrecht auf- und abwärts führt, zieht man die Fäden der Straminauflage vorsichtig heraus (Abb. 5).

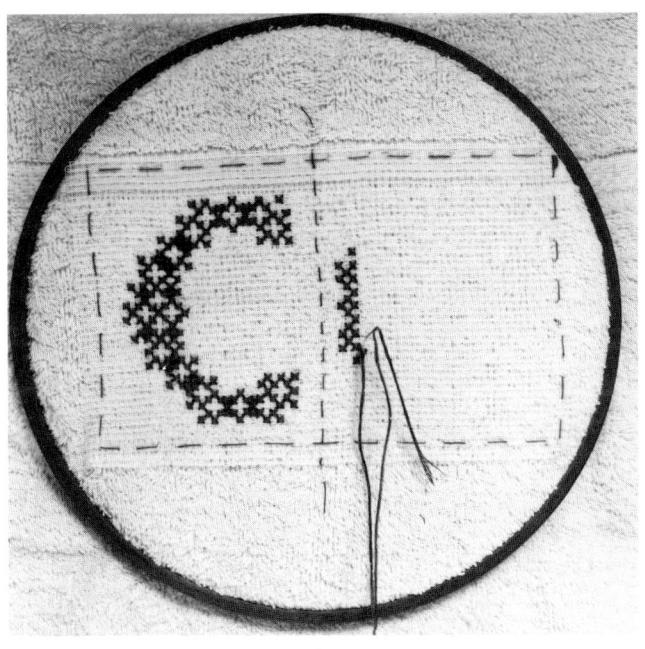

4   Fadengebundene Stickereien, z.B. Kreuzstich, werden auf Gewebe mit nicht zählbaren Fäden ausgeführt, indem man auf das Gewebe Stramin heftet und diesen überstickt.

5   Die Straminfäden werden nach Vollendung der Stickerei mit einer Pinzette herausgelöst. Beim Sticken wird die Nadel genau senkrecht in Auf- und Abwärtsrichtung geführt.

Buchstaben, die nach nicht zählbaren Vorlagen gestickt werden sollen, müssen von der Vorlage auf den Stoff übertragen werden. Das kann man erreichen, indem man den entsprechenden Buchstaben mit Transparentpapier überdeckt, nachzeichnet und mit Hilfe von Graphitpapier (nicht Kohlepapier) auf den Stoff überträgt. Sauberer werden die Konturen, wenn man den auf Transparentpapier gezeichneten Buchstaben auf der Rückseite mit einem DEKA-Bügelmusterstift nachzeichnet (hier kann man zuvor ungenau nachgezogene Konturen noch ausgleichen), den Buchstaben mit der Nachzeichnung auf den Stoff legt und die Linien durch Abplätten mit einem heißen Bügeleisen überträgt. Nach dem Übersticken eventuell noch sichtbare Linien lassen sich später auswaschen (Abb. 6 – 8).

6 So überträgt man einen Buchstaben auf den Stoff:
Die Vorlage wird mit Transparentpapier überdeckt (an den Kanten festkleben) und die Konturen werden mit einem Kugelschreiber genau nachgezeichnet.

7 Die Transparentzeichnung wird von der Vorlage gelöst, umgedreht und auf der Rückseite mit einem DEKA-Bügelmusterstift (Hobbyladen, Handarbeitsgschäft) nachgezeichnet.

8 Mit Stecknadeln oder Klebstreifen wird das Transparentpapier mit der zuletzt nachgezeichneten Seite auf dem Stoff befestigt. Durch Bügeln mit einem heißen Eisen (Temperatur dem Stoff anpassen) wird die Zeichnung auf den Stoff übertragen.

Bei fadengebundenen Stickereien oder solchen, die über einer Zähl-stoffauflage gearbeitet werden, läßt sich die Buchstabengröße ein-mal durch die Wahl des Gewebes bestimmen, zum anderen dadurch, über wie viele Fäden ein Stich oder Halbstich greift. Die Beispiele a – d zeigen:

Buchstaben verändern

9 a

9 b

9 a Kreuzstich über jeweils zwei Gewebefäden in Höhe und Breite auf Leinen Nr. 10,5 gestickt, ergibt eine Buchstabenhöhe von je 18 mm.

9 b Halber Kreuzstich über jeweils einen Gewebefaden in Höhe und Breite (also ein Fadenkreuz) ebenfalls auf Leinen Nr. 10,5 gestickt, ergibt eine Buchstabenhöhe von je 9 mm.

9 c

9 d

9 c Wie bei a, jedoch auf Leinen Nr. 7 gestickt, ergibt eine Buch-stabenhöhe von je 26 mm.

9 d Halber Kreuzstich auf Leinen Nr. 7 gestickt, ergibt eine Buch-stabenhöhe von je 13 mm.

Die gebräuchlichsten Leinengewebe sind: Nr. 12 mit 12 Gewebefäden auf 1 cm, Nr. 10,5 mit 10 1/2 Gewebefäden auf 1 cm und Nr. 7 mit 7 Fäden auf 1 cm.

Kreuzstiche sind für Monogramme, bei denen die Buchstaben übereinandergestickt werden, nicht gut geeignet. Will man unbedingt ein Kreuzstich-Monogramm arbeiten, empfiehlt es sich, den zuerst zu stickenden Buchstaben des Vornamens in hellerem Garn länger und den zweiten des Nachnamens in dunklerem Ton etwas breiter zu sticken. Dazu wählt man ein Alphabet, dessen Buchstaben sich ohne Schwierigkeiten durch ein Kreuz in der Höhe verlängern oder durch ein Kreuz in der Breite erweitern lassen. An den sich überschneidenden Stellen werden die Kreuze des ersten Buchstabens zugunsten des zweiten weggelassen.

Buchstaben, die nicht nach einem Zählmuster gearbeitet, sondern auf den Stoff übertragen werden müssen, lassen sich leicht mit Hilfe eines Fotokopiergerätes vergrößern, das eine entsprechende Einrichtung hat (Schreibwarengeschäfte haben meistens solche Geräte).

Sollen Buchstaben negativ erscheinen, also ausgespart werden, markiert man außerhalb der Konturen eine begrenzte Fläche, die den Rahmen bildet, und überstickt diese vollständig. (Abb. 10).

10 Stickt man das Umfeld eines Buchstaben und spart den Buchstaben selbst aus, erscheint er als negative Zeichnung.

Sticktechnik

Stickereien auf feinem Gewebe und auf Stoffen mit nicht zählbaren Gewebefäden müssen unbedingt in einem Stickrahmen ausgeführt werden. Beim Einspannen des Stoffes ist darauf zu achten, daß dieser genau rechtwinklig fadengerade im Rahmen sitzt.

Fadengebundene Stickereien auf Leinengewebe können ohne Rahmen ausgeführt werden. Dabei zieht man den Stickfaden stets gleichmäßig und nicht zu fest an.

Man stickt mit einer stumpfen Nadel, deren Stärke der des Stickfadens entsprechen muß. Auf keinen Fall darf die Nadel dünner als der Faden sein. Um ein Aufrauhen des Arbeitsfadens zu verhindern, schneidet man den Abschnitt lieber etwas kürzer ab und nimmt häufiger einen neuen Faden. Während des Stickens muß die Verzwirnung des Arbeitsfadens laufend kontrolliert und notfalls korrigiert werden. Arbeitet man mit Perlgarn, so lockert sich die Verzwirnung mit der Zeit und muß nachgedreht werden. Beim Arbeiten mit mehrfädigem Twist tritt der umgekehrte Fall ein: Die parallel verlaufenden Fäden verzwirnen sich und müssen wieder entwunden werden.

Die Wahl des Stickgrundes und Stickgarnes ist jedem selbst überlassen. Wichtig ist, daß Gewebe und Stickfaden die gleichen Pflegeeigenschaften haben und – besonders wichtig beim Besticken von Gestrick – in gleichem Maße dehnbar sind. Vor dem Sticken sollte man unbedingt prüfen, ob Stickgrund und Stickfaden farbecht sind.

Für die in diesem Buch gezeigten Buchstaben sind folgende Stiche vorgesehen: Kreuzstich, Kästchenstich, Holbeinstich, Doppelkreuzstich, Sternstich (fadengebundene Stiche nach Zählvorlagen) sowie Plattstich, Stielstich, Konturenstich, Bäumchenstich (freie Stiche nach Zeichenvorlagen). Anstelle der Plattstiche kann man auch senkrechte Kettenstiche in mehreren dichten Reihen arbeiten.
Für Stickereien auf Stricksachen eignet sich am besten der Maschenstich, der ebenfalls nach einer Zählvorlage gearbeitet werden kann (ein Symbol = ein Maschenstich).

Man unterscheidet den einfachen Kreuzstich mit senkrecht oder waagerecht verlaufenden Fäden auf der Rückseite, den doppelseitigen Kreuzstich, der auf Vorder- und Rückseite das gleiche Stichbild zeigt, und den Kreuz-Kästchenstich, bei dem auf der Schauseite Kreuze, auf der Rückseite Kästchen entstehen. Dieser Stich kann auch in umgekehrter Folge als Kästchen-Kreuzstich gearbeitet werden. Einige Alphabete dieses Buches zeigen eine Kombination beider Sticharten.

Einfacher Kreuzstich Bestehend aus zwei sich kreuzenden Halbstichen, in der Regel über zwei Gewebefäden in Höhe und Breite fassend. Die zuerst zu arbeitenden Unterstiche verlaufen von links unten nach rechts oben, die sich anschließenden Deckstiche entgegengesetzt (Abb. 11 a, b).

Einfacher Kreuzstich

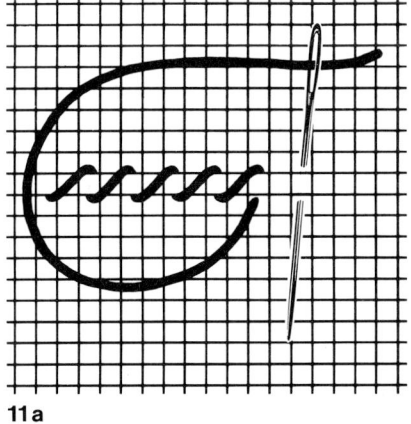
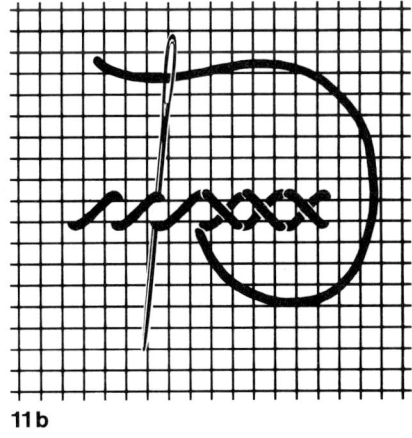

11a   **11b**

Doppelseitiger Kreuzstich Bestehend aus einem Unterstich von links unten nach rechts oben (Abb. 12 a), einem Hilfsstich in halber Länge (Abb. 12 b) und einem Deckstich von rechts unten nach links oben verlaufend (Abb. 12 c). Wird die Reihe nach rechts fortgesetzt, stickt man wie zu Beginn beschrieben weiter (Abb. 12 d). Zur Weiterführung in Abwärtsrichtung wird der Unterstich von rechts oben nach links unten

Doppelseitiger Kreuzstich

ausgeführt (letzter Ausstich rechts oben) (Abb. 12 e), der halbe Hilfsstich von rechts oben zur Mitte (Abb. 12 f) und der Deckstich von rechts unten nach links oben. Zur Weiterführung nach links arbeitet man den Unterstich von links unten nach rechts oben, den halben Hilfsstich von der Mitte nach links oben (Abb. 12 g) und den Deckstich von rechts unten nach links oben (Abb. 12 h).

Bei einer nach rechts versetzten Diagonalreihe oder einem versetzten Stich beginnt man mit dem halben Hilfsstich, der von links oben zur Mitte verläuft (Abb. 12 i). Daran schließen sich der Unterstich von links unten nach rechts oben, ein Halbstich von links unten zur Mitte und ein Deckstich von rechts unten nach links oben an.

Je nach Lage des letzten Ausstichs muß der Übergang unter Umständen mit Hilfe eines weiteren Halbstichs überbrückt werden. (Abb. 12 j).

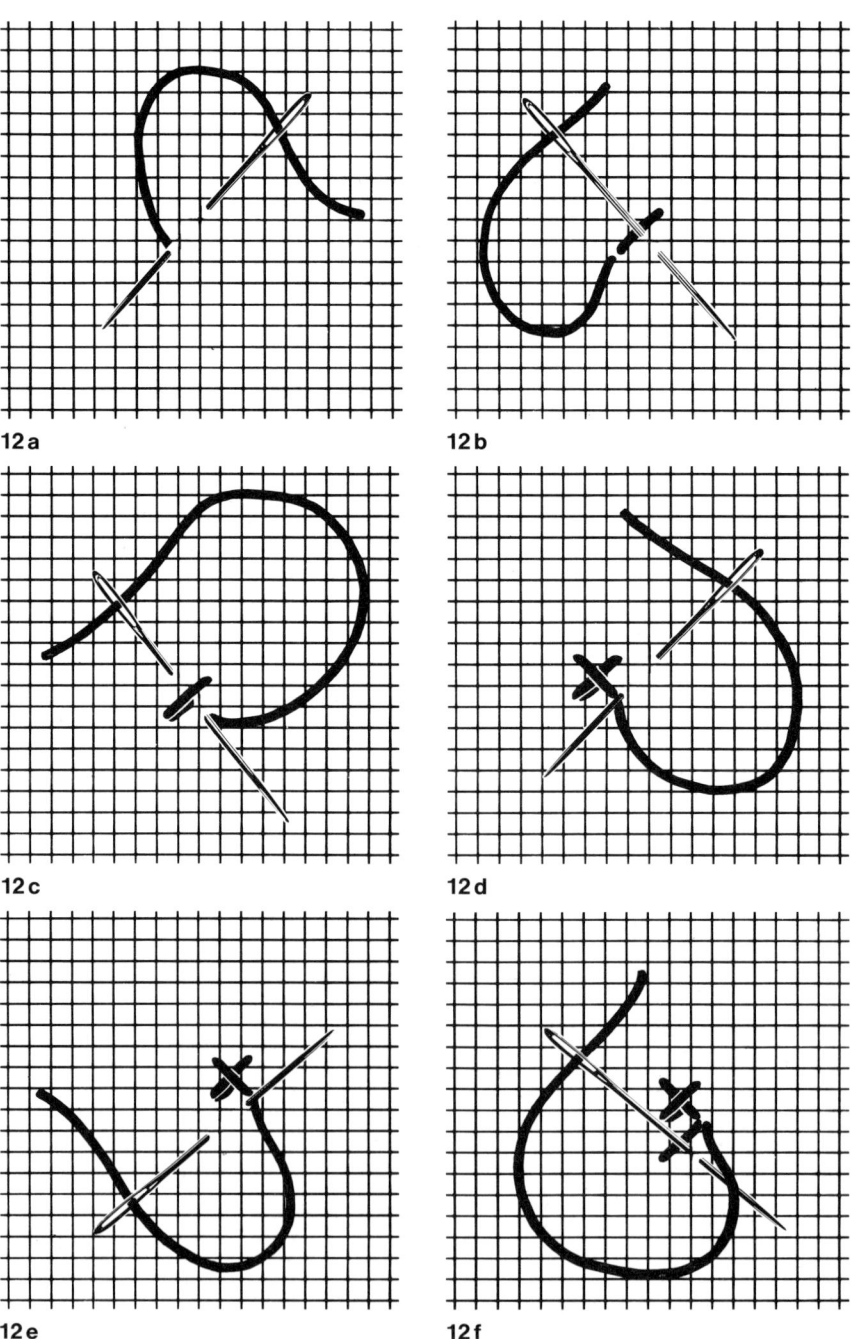

12 a

12 b

12 c

12 d

12 e

12 f

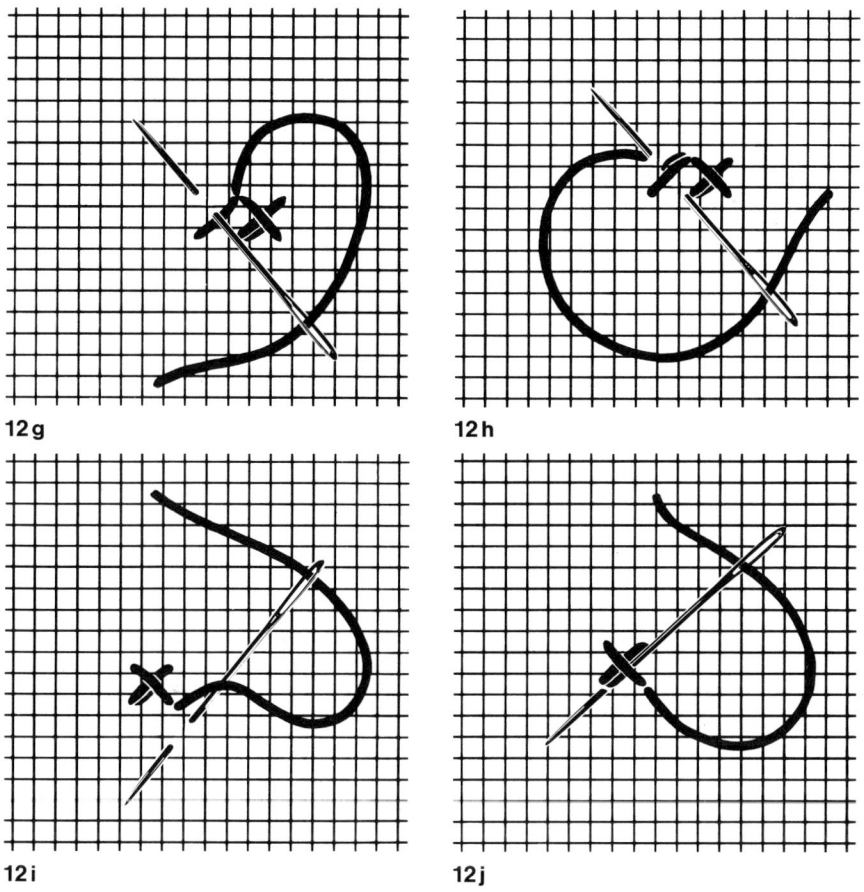

12 g

12 h

12 i

12 j

Kreuz-Kästchenstich Zur Bildung des Kästchens auf der Rückseite eines Kreuzes wird die Nadel bei jedem Stich einmal waagerecht von rechts nach links (Abb. 13 a), einmal senkrecht an der rechten Kreuzbegrenzung (Abb. 13 b) und einmal senkrecht an der linken Kreuzbegrenzung (Abb. 13 c) geführt. Dadurch ist das Kästchen an drei Seiten geschlossen. Die letzte Quadratseite schließt sich mit dem ersten waagerechten Stich für das nächste Kreuz. Beim Kreuz-Kästchenstich hat jedes Kreuz einen als Unterstich gearbeiteten Stich, der parallel zum späteren Deckstich verläuft, einen Zwischenstich, der sich mit dem ersten Stich kreuzt, und einen Deckstich, der zusammen mit dem Unterstich den Zwischenstich einschließt.

Kreuz-Kästchenstich

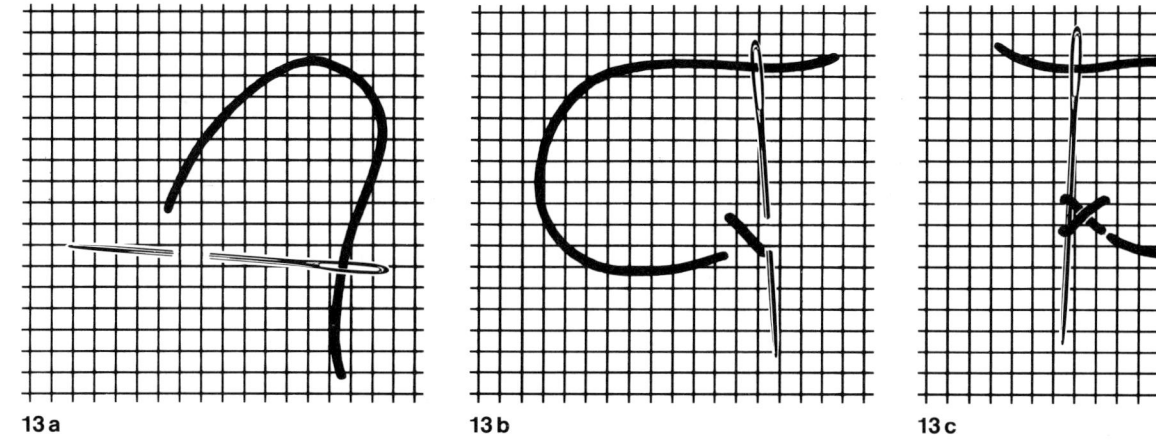

13 a

13 b

13 c

Sind Kreuze anders als in gleichmäßigen Reihen zu sticken, so erreicht man die Übergänge durch sich überlagernde Stiche in waage- oder senkrechter Richtung, gelegentlich auch durch mehrfache diagonale Stichlagen auf der Vorderseite der Arbeit. Wichtig auch hier wie bei allen Kreuzstichen: Der jeweils letzte Deckstich muß von rechts unten nach links oben verlaufen.

14   Zwei Möglichkeiten, den Kreuz-Kästchenstich anzuwenden: Kästchen auf der Vorderseite bilden Kreuze auf der Rückseite (links) oder Kreuzchen auf der Schauseite mit Kästchen auf der Gegenseite (rechts).

Kästchenstich

Zu arbeiten über jeweils zwei Gewebefäden in Höhe und Breite, bei sehr feinem Gewebe über vier Fäden. Faden nach dem Ausstich unten rechts nach oben führen, oben rechts einstechen, unten links ausstechen (Abb. 15 a). Nadel unten rechts einstechen (in den ersten Ausstichpunkt), diagonal unter dem Stoff entlangführen und oben links ausstechen (Abb. 15 b). Oben rechts ein- und unten links ausstechen (Abb. 15 c). Oben rechts einstechen und Nadel zum Ausstichpunkt für das nächste Kästchen führen (Abb. 15 d). Abb. 14 zeigt die Ausführung eines Buchstaben in Kästchen- und in Kreuzstich.

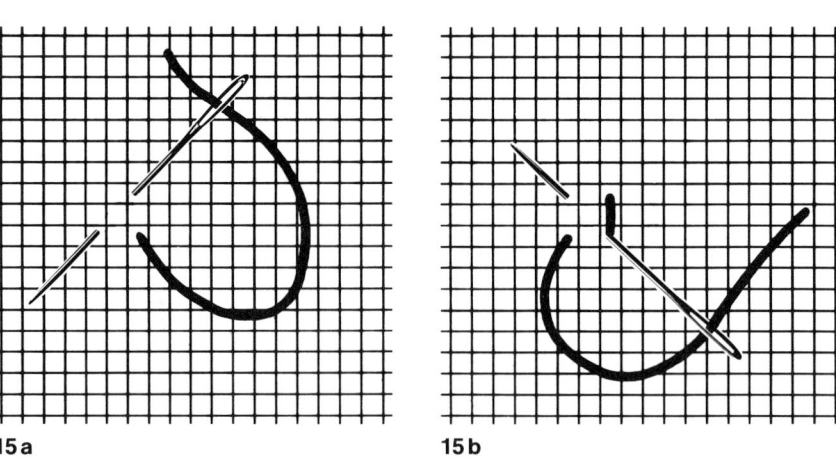

15 a   15 b

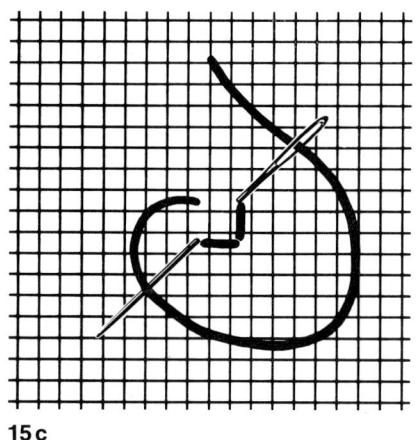

15c

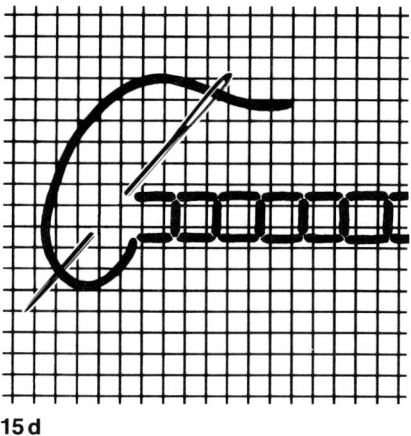

15d

Im Zusammenhang mit den Alphabeten dieses Buches findet der Holbeinstich nur als Konturenstich Anwendung. Man arbeitet ihn in zwei Gängen stets über die gleiche Fadenzahl, die der des einzufassenden Stiches (meistens Kreuzstich) entspricht. Man faßt in fortlaufendem Wechsel mit der Nadel jeweils eine Fadengruppe auf und übergeht die nächste. Beim ersten Arbeitsgang stickt man nach Möglichkeit alle senkrechten Stiche, beim folgenden alle waagerechten in die Zwischenräume (Abb. 16).

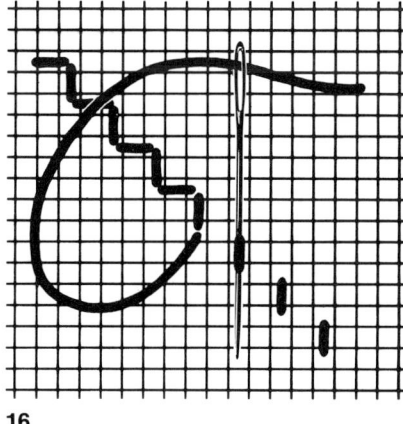

16

Der Doppelkreuzstich besteht aus zwei Kreuzstichen, die übereinandergestickt sind. Der untere Kreuzstich verläuft diagonal, der obere senk- und waagerecht (Abb. 17 a, b).

Doppelkreuzstich

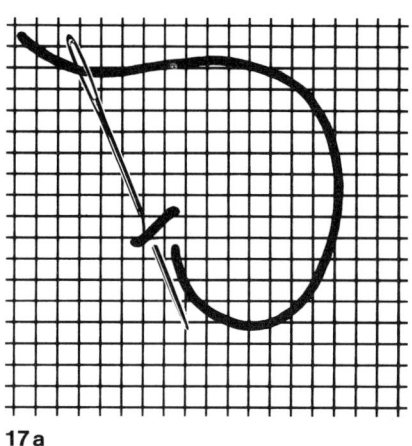

17a

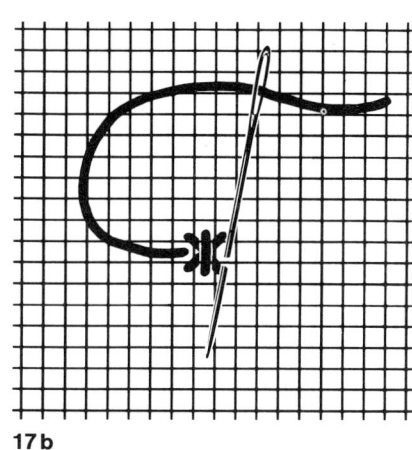

17b

Sternstich

18 Die Buchstabengröße kann man einmal bestimmen durch Verwendung gröberen oder feineren Gewebes, zum anderen durch die Zahl der Gewebefäden, die man mit jedem Stich überspannt.

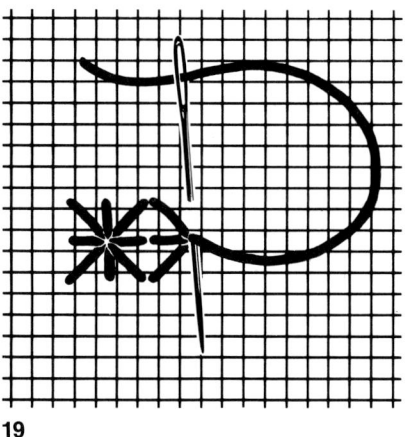

19

Der Sternstich wird von der Mitte ausgehend in strahlenförmigen Stichen gearbeitet (Abb. 19). Die Arbeitsprobe (Abb. 18) zeigt einmal über einen Gewebefaden und einmal über zwei Gewebefäden greifende Stiche.

20

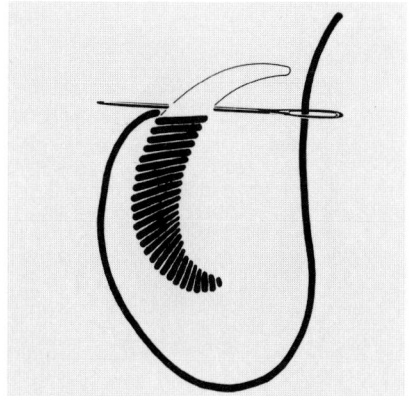

21

Auszuführen in einem Stickrahmen. Der Arbeitsfaden wird nach dem Ausstich zur gegenüberliegenden Kontur geführt, die Nadel wird dort ein- und dicht neben dem vorherigen Ausstich wieder ausgestochen. So arbeitet man fortlaufend weiter, wobei man an der rechten Seite der Kontur ein- und an der linken aussticht, soweit die Linienführung das zuläßt (Abb. 21). Die Stiche müssen gleichmäßig dicht nebeneinander liegen und den Stoff vollständig bedecken, ohne sich jedoch gegenseitig zu bedrängen. Man kann die Stiche genau waagerecht anordnen, was sich bei gerader Buchstabenlage empfiehlt (Abb. 20, obere Reihe) oder leicht diagonal, was sich vor allem bei Kursivschrift anbietet (Abb. 20, untere Reihe). Buchstaben der letztgenannten Art beginnen und enden meistens mit Stielstichschnörkeln. Sollen Plattstichbuchstaben umrandet werden, führt man diese Einfassungen ebenfalls in Stielstich aus. Zweifarbige Umrandungen entstehen, wenn man die Konturen zunächst mit kleinen Vorstichen umstickt und danach mit der Nadel und einem Faden in kontrastierender Farbe jeweils von rechts nach links durch die Stiche fährt (Abb. 22 a und b).

22 a

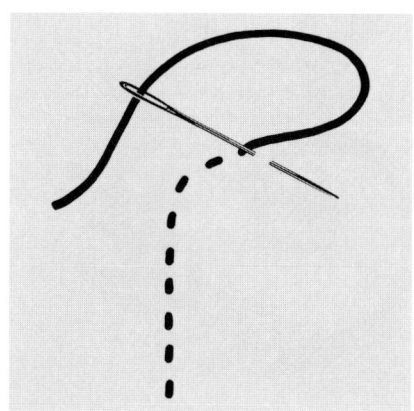

22 b

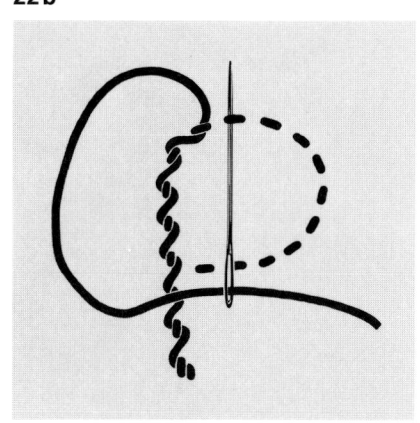

20   Die Arbeitsprobe zeigt Plattstichstickereien mit und ohne Kordeleinfassung. Die Einfassung entsteht durch Vorstiche, die mit einem Kontrastfaden durchstickt werden (siehe nebenstehende Zeichnungen).

Stielstich

Man kann diesen Stich entweder von links nach rechts waagerecht oder von unten nach oben senkrecht sticken. Man unterscheidet Stiche mit Rechts- oder Linkswindung.

Waagerecht mit Rechtswindung: Nach dem Ausstich nach rechts einige Gewebefäden übergehend einstechen, um die Hälfte der übergangenen Fäden zurückgreifen und rechts neben dem ersten Ausstich ausstechen. Der Faden hängt dabei im Bogen nach unten (Abb. 23 a).

Waagerecht mit Linkswindung: Wie bei a beschrieben verfahren, jedoch jeweils links neben dem vorherigen Ausstich ausstechen und den Faden im Bogen nach oben führen (Abb. 23 b).

Senkrecht: Man arbeitet wie beim waagerechten Stielstich, legt den Faden jedoch entweder nach links oder rechts im Bogen.

Die Windungen sollten der Lage der anschließenden Plattstiche entsprechen.

23 a   Stielstich, Rechtswindung   **23 b   Stielstich, Linkswindung**

Bäumchenstich

Im Stickrahmen zu arbeiten. Arbeitsrichtung ist senkrecht abwärts. Rechts vom Ausstich einstechen, Nadel diagonal zum nächsten Ausstich führen, der in geringem Abstand unterhalb des ersten Ausstichs liegen soll. Dabei den Faden in einem Abwärtsbogen unter die Nadelspitze legen (Abb. 25), Nadel durchziehen, links neben dem letzten Ausstich einstechen und von links nach rechts diagonal abwärts so führen, daß der nun folgende Ausstich unterhalb des letzten Ausstichs liegt. Dabei wird der Faden wieder als Abwärtsbogen unter die Nadel-

24   Arbeitsprobe aus dem Alphabet von Seite 90. Bäumchenstich mit Stielstich kombiniert.

spitze gelegt. Wie beschrieben in fortlaufendem Wechsel weiterarbeiten. Alle Ausstichstellen müssen senkrecht untereinanderliegen.
Die Arbeitsprobe zeigt ein B, bei dem Stielstich und Bäumchenstich miteinander kombiniert sind.

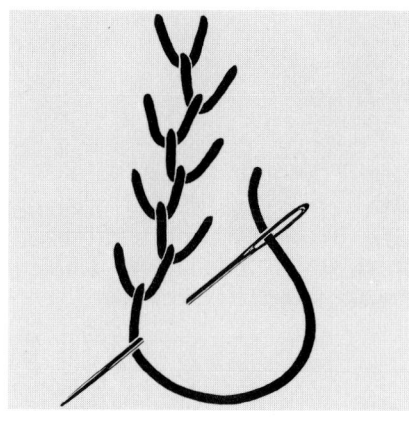

25 Bäumchenstich

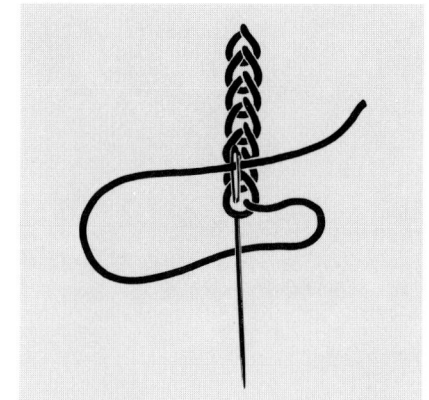

26 Kettenstich

Kettenstich

Senkrecht abwärts oder waagerecht von rechts nach links im Stickrahmen zu arbeiten. Nach dem Ausstich die Nadel in dieselbe Stelle ein- und nach einigen übergangenen Gewebefäden wieder ausstechen, ohne sie jedoch durchzuziehen. Faden im Bogen unter der Nadelspitze entlangführen und die Nadel durchziehen. Der nächste Einstich erfolgt in das letzte Ausstichloch innerhalb, der nächste Ausstich außerhalb der Schlinge (Abb. 26).

Strickstich

Auch Maschenstich genannt. Auszuführen auf Glattgestrick (glatt rechts). Ausstich aus der Mitte einer Masche. Mit der Nadel von rechts nach links waagerecht unter beide Maschenglieder der darüberliegenden Masche fahren (Abb. 27 a) und durch den Ausstich zurückstechen. Dann wieder in der Mitte der nächsten Masche ausstechen und wie beschrieben fortfahren. Darauf achten, daß der Faden nicht zu fest angezogen wird. (Abb. 27 b).

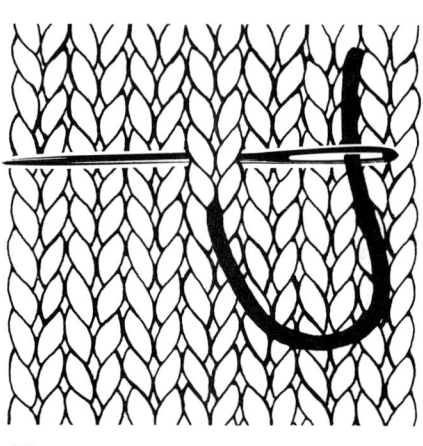

27 a

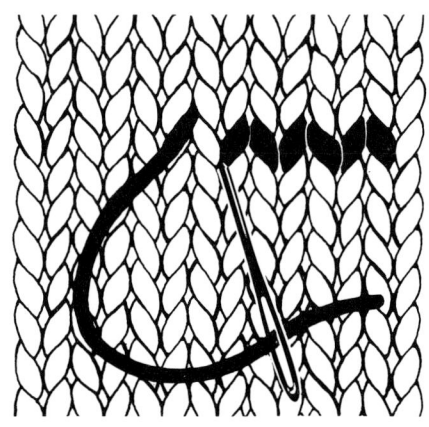

27 b

28 Kreuzstichalphabet, gestickt nach einer Zählvorlage aus der Zeitschrift „Der Bazar" (siehe Seite 47).
Die Buchstaben der oberen Reihe sind um ein Kreuzchen höher als die der vier Reihen darunter.
Möchte man Buchstaben der ersten Reihe mit anderen kombinieren, müßte man bei den größeren Buchstaben eine waagerechte Kreuzstichreihe weglassen, am besten in der jeweils oberen Buchstabenhälfte.
Das bei diesem Alphabet fehlende J kann man aus der linken Hälfte des Buchstaben U entwickeln, indem man diese seitenverkehrt stickt (siehe auch vergrößerte Zählvorlage für das U auf dem Umschlag).
Eine Arbeitsprobe in anderer Farbkombination findet sich auf Seite 48 unten.

Vorlagenteil mit Arbeitsproben

29 Alphabet aus der Mustersammlung altdeutscher Leinenstickerei.
Zählvorlage auf Seite 22.

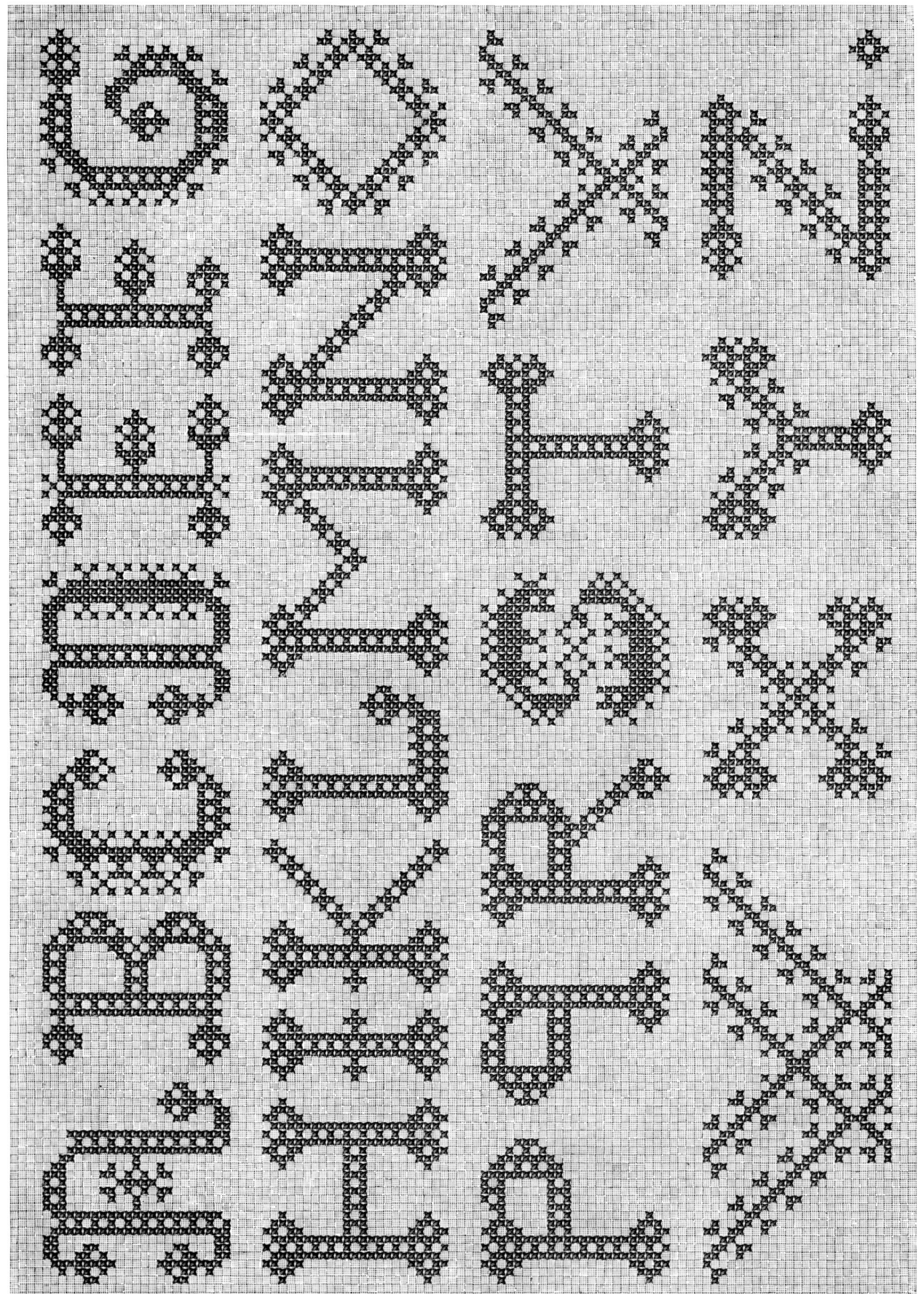

30 Zählvorlage zum Mustertuch auf Seite 21, aus der Zeitschrift „Modenwelt" Berlin (1881).

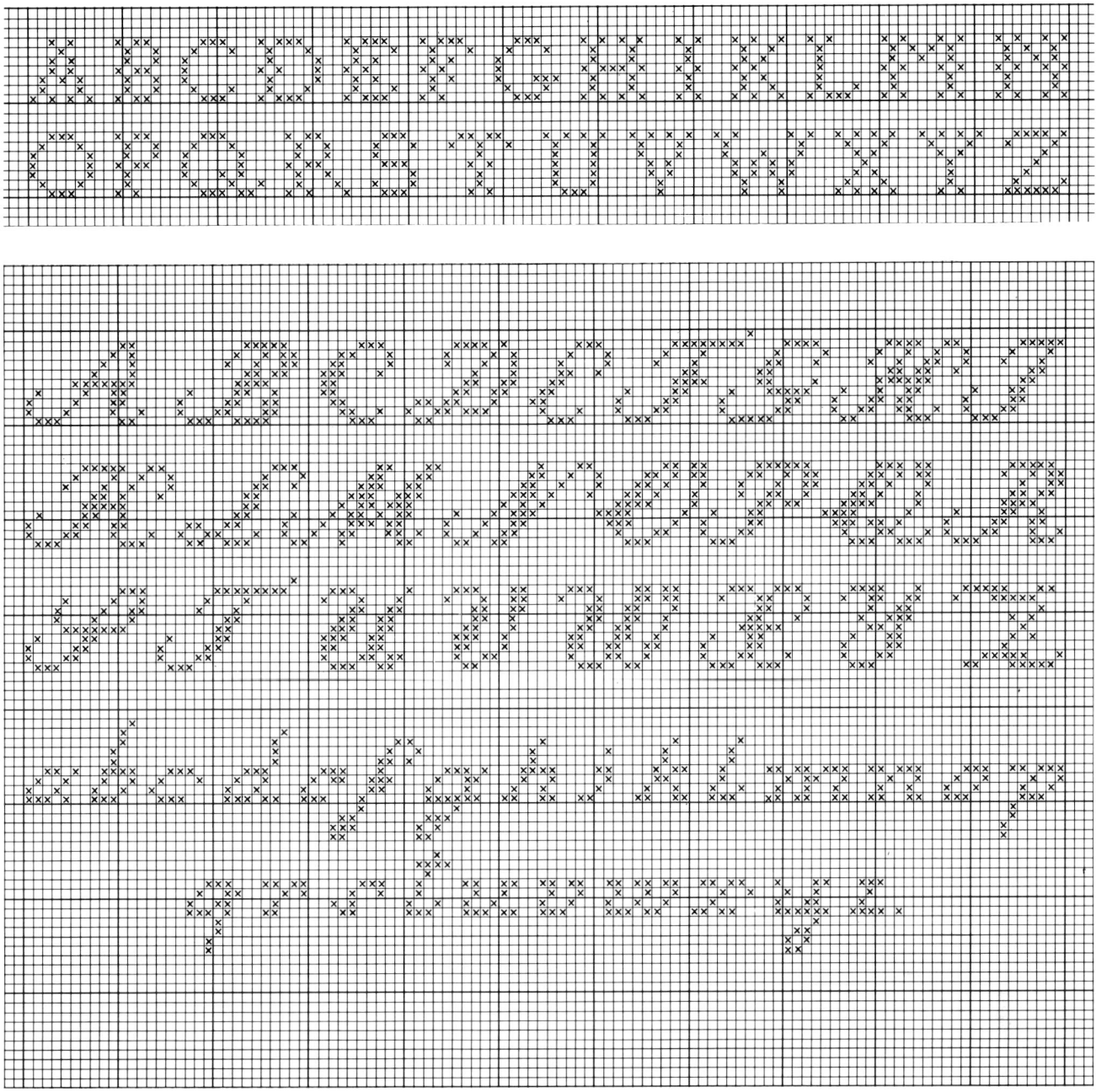

31 Zählvorlage, gezeichnet nach dem Sticktuch von 1899 auf Seite 24.

32 Sogenanntes ABC-Tuch, wie es um die Jahrhundertwende in Türkischrot auf naturfarbenem Leinen in den Schulen gestickt wurde.
Zählmuster auf Seite 23.

33 Alphabet, nach einer Vorlage aus dem 18. Jh. gearbeitet.

△ ▽ 34 und 35 Vorlage zum Alphabet S. 25. Mustersammlung altdeutscher Leinenstickerei, 1881.

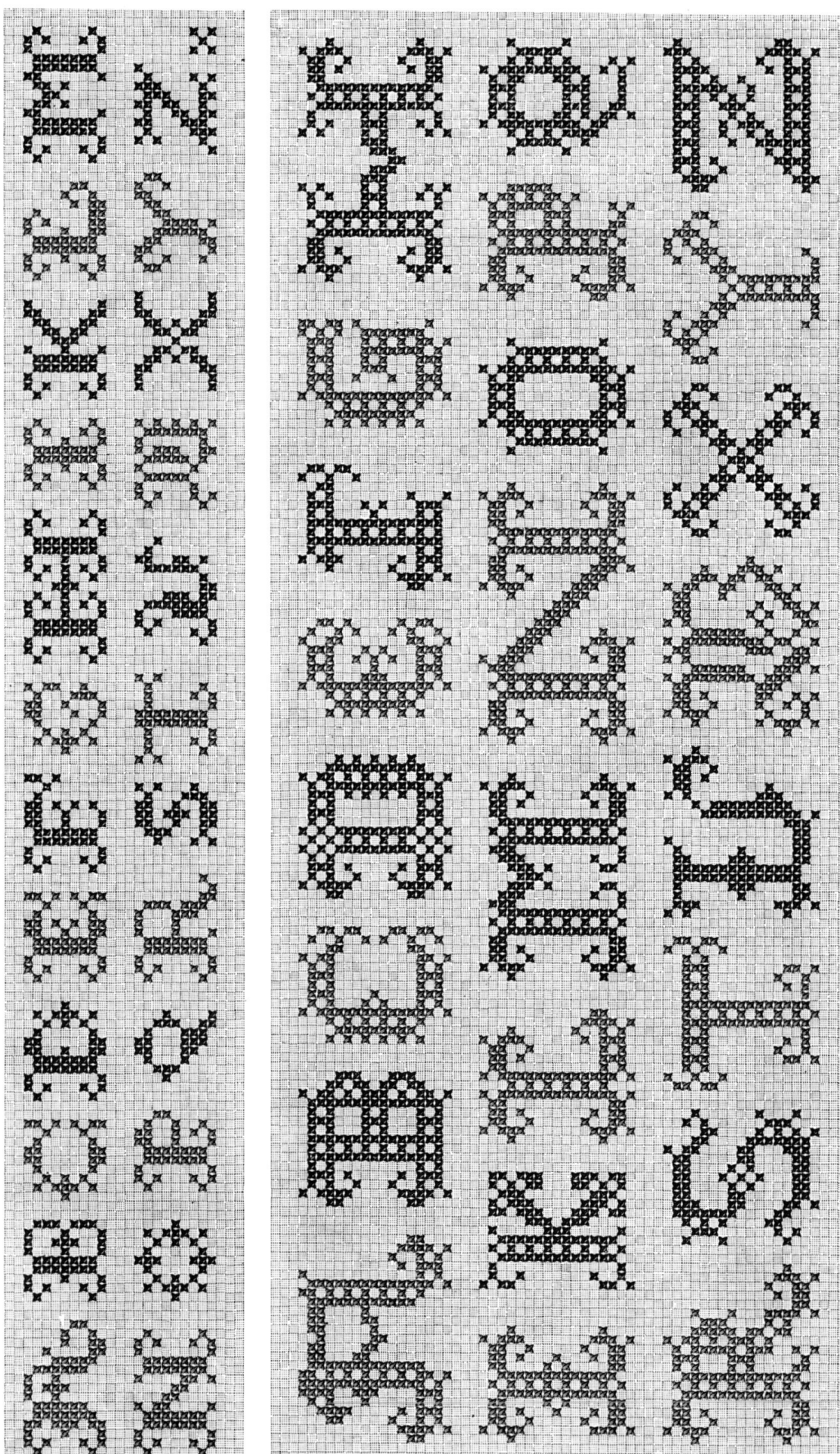

36 Zwei Alphabete in Großbuchstaben. Arbeitsprobe auf der nächsten Seite.

37   Alphabet aus der Zeit um 1860 aus der Mustersammlung altdeutscher Leinenstickerei der Zeitschrift „Modenwelt" (1881). Man findet in frühen Alphabetvorlagen selten kleine Buchstaben. An ihre Stelle treten Großbuchstaben in unterschiedlichen Schriftgraden, wie bei diesem Beispiel. Das hängt mit den Inschriften von Monumenten zusammen, die in früherer Zeit aus Großbuchstaben unterschiedlicher Größe zusammengestellt waren. Die für Stickereien vorgesehenen Buchstaben wurden oft von den gleichen Schriftenmalern entworfen, die auch solche Inschriften gestalteten.

30

△ ▽ 38 und 39   Zählvorlage zum Sticktuch auf Seite 33.

40   Die Schönheit der Einzelbuchstaben des Alphabets rechts (Zählvorlage auf den Seiten 30/31) wird erst bei näherer Betrachtung deutlich. Bei einigen Buchstaben, z.B. beim F und beim G wurden die Kreuzstiche durch zusätzliche Geradstiche ergänzt, die durch ihre Kontrastfarbe innerhalb der Stickerei eigene Ornamente bilden.

△ a

▷ b

▷ c

34

42

△ ▽ 42 und 43   Die Arbeitsproben zu diesen Vorlagen stehen auf Seite 36.

44 Arbeitsprobe, zusammengestellt aus den Buchstaben der Gruppe a der Zählvorlage auf Seite 34.

44

45

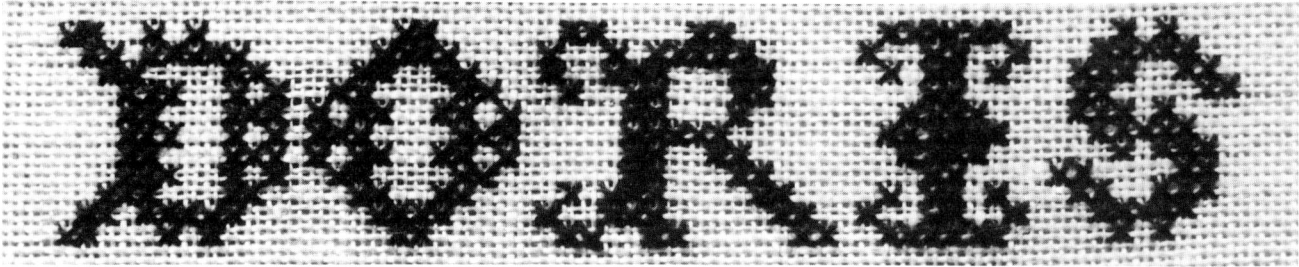

46

45 bis 47 Arbeitsproben aus der Zählvorlage von Seite 34: Alphabet b „XENIA", Alphabet c „DORIS". Rechts: Stickprobe aus dem Alphabet von Seite 35.

47

48 Dieses aus der Mitte des 18. Jh. stammende Alphabet besteht aus Fabeltieren und stilisierten Blüten, die man erst bei längerem Betrachten wahrnimmt. Jeder einzelne Buchstabe ist zugleich ein Schmuckornament. Zählvorlage auf den Seiten 38 und 39.

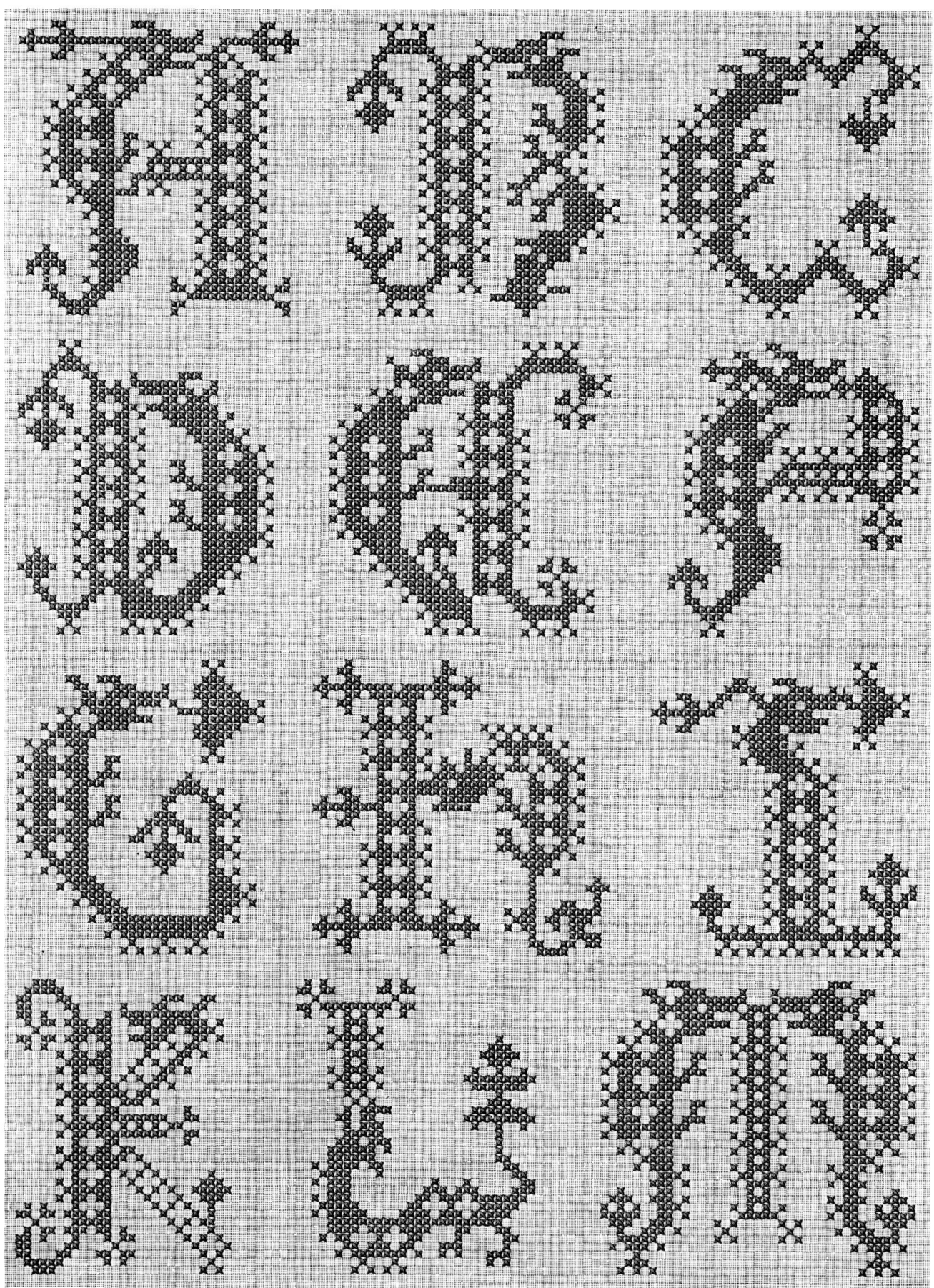

50

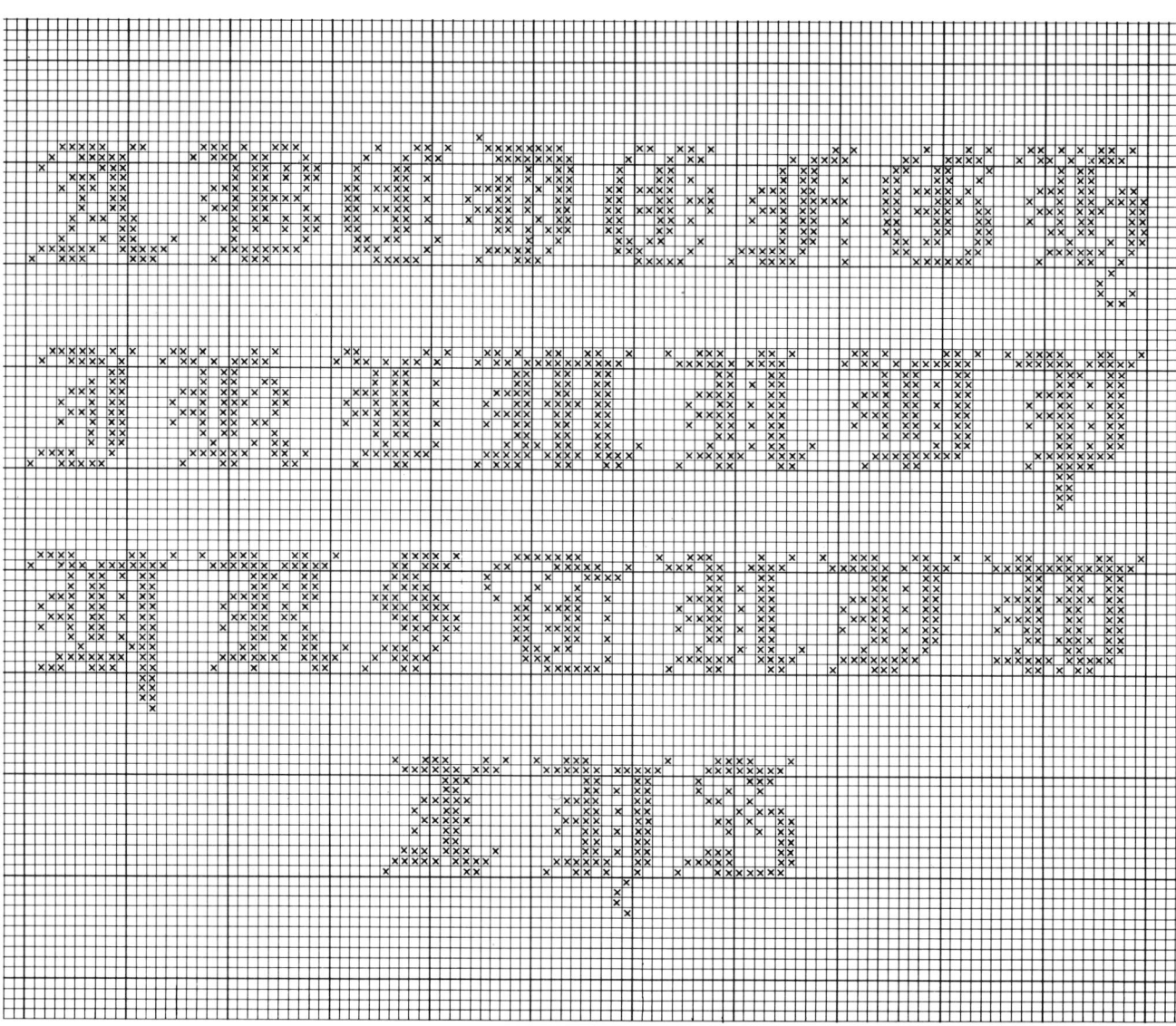

51 Zählvorlage zum Alphabet vom Stickmustertuch auf Seite 41. Wie bei vielen alten Vorlagen fehlt auch hier der Buchstabe I, der durch das J ersetzt wird. Möchte man lieber ein I sticken, kann man es bei diesem Alphabet aus dem Buchstaben H entwickeln, indem man den Bogen rechts fortläßt und den Buchstabenfuß wie den Kopf arbeitet.

52 Mustertuch mit Alphabet aus Süddeutschland, gestickt auf Woll-Leinen über jeweils zwei Gewebefäden in Breite und Höhe mit doppelfädigem Baumwollgarn. Die unter den Monogrammen eingestickten Zahlen geben einige Rätsel auf.

53 Ausschnitt aus dem Alphabet des Sticktuchs oben. Das fehlende I kann aus dem Buchstaben H durch Weglassen des Bogens entwickelt werden.

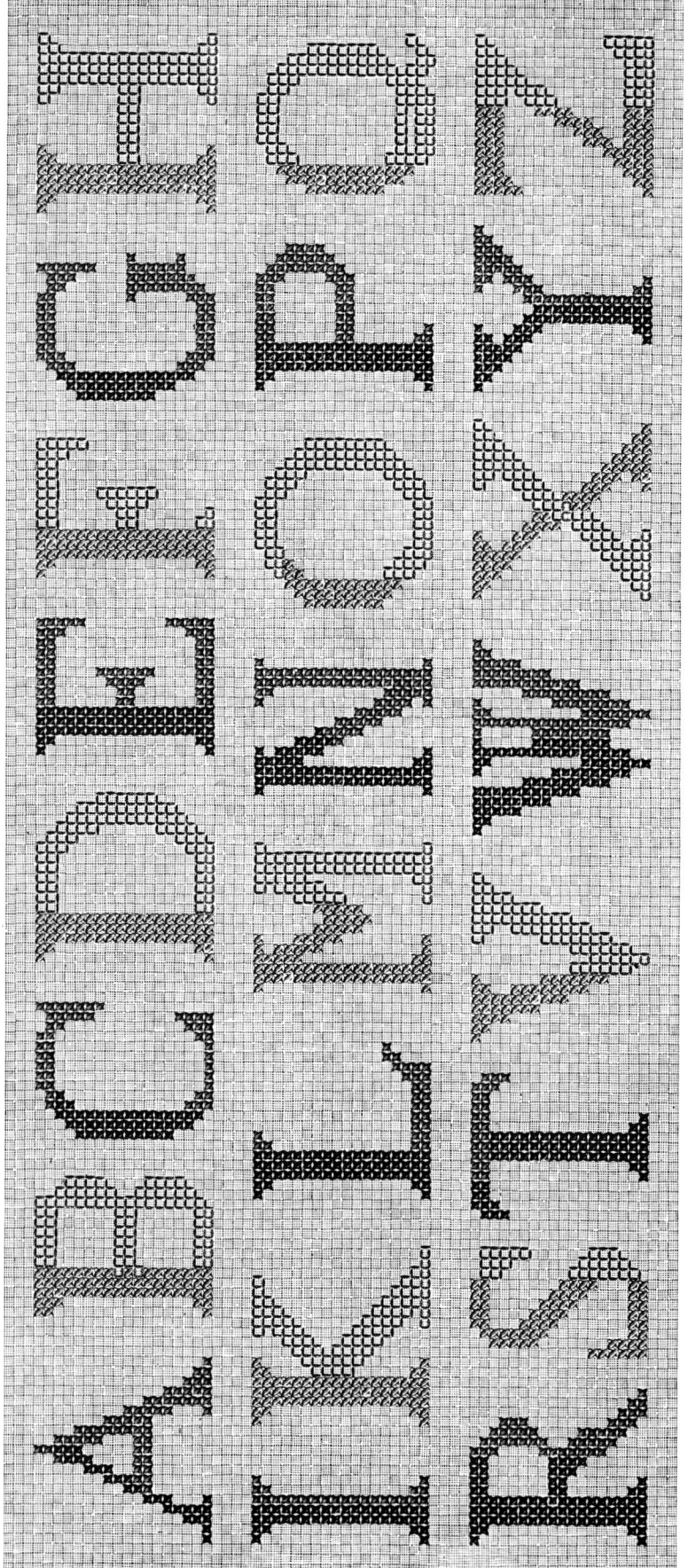

54 Zählvorlage zu einem Alphabet (Arbeitsprobe rechts), das im Kreuz-Kästchenstich mit wechselnder Schauseite gearbeitet wird.

55 Arbeitsprobe zum Alphabet links. Man stickt zuerst die Kreuzpartie wie auf Seite 13 a–c erklärt, danach entweder die Kästchen auf der Vorderseite so, daß rückwärtige Kreuze entstehen, oder die zweite Buchstabenhälfte ebenfalls in gewohnter Technik, jedoch auf der Rückseite der Arbeit. Wenn das zu schwierig erscheint, kann man auch einfache Kreuz- und einfache Kästchenstiche sticken (siehe dazu die Seiten 11, 14 und 15).

44

△ 57 Arbeitsprobe des Buchstaben W aus nebenstehendem Alphabet, gearbeitet auf grobem Leinen mit mehrfädigem Sticktwist in einem runden Stickrahmen.
Mit Hilfe eines Fotokopiergeräts, das eine Einrichtung zur Vergrößerung hat, kann man sich Einzelbuchstaben oder das ganze Alphabet nach Wunsch vergrößern lassen. (Geräte stehen in sogenannten Sofortdruckereien oder größeren Geschäften für Zeichenbedarf zur Verfügung.)
Das Übertragen der Buchstaben auf den Stoff ist auf den Seiten 7 und 8 erklärt.

◁ 56 Für Weißstickerei gedachte Zeichenvorlage aus der Zeitschrift „Bazar" aus dem Jahre 1867. Arbeitsprobe oben.

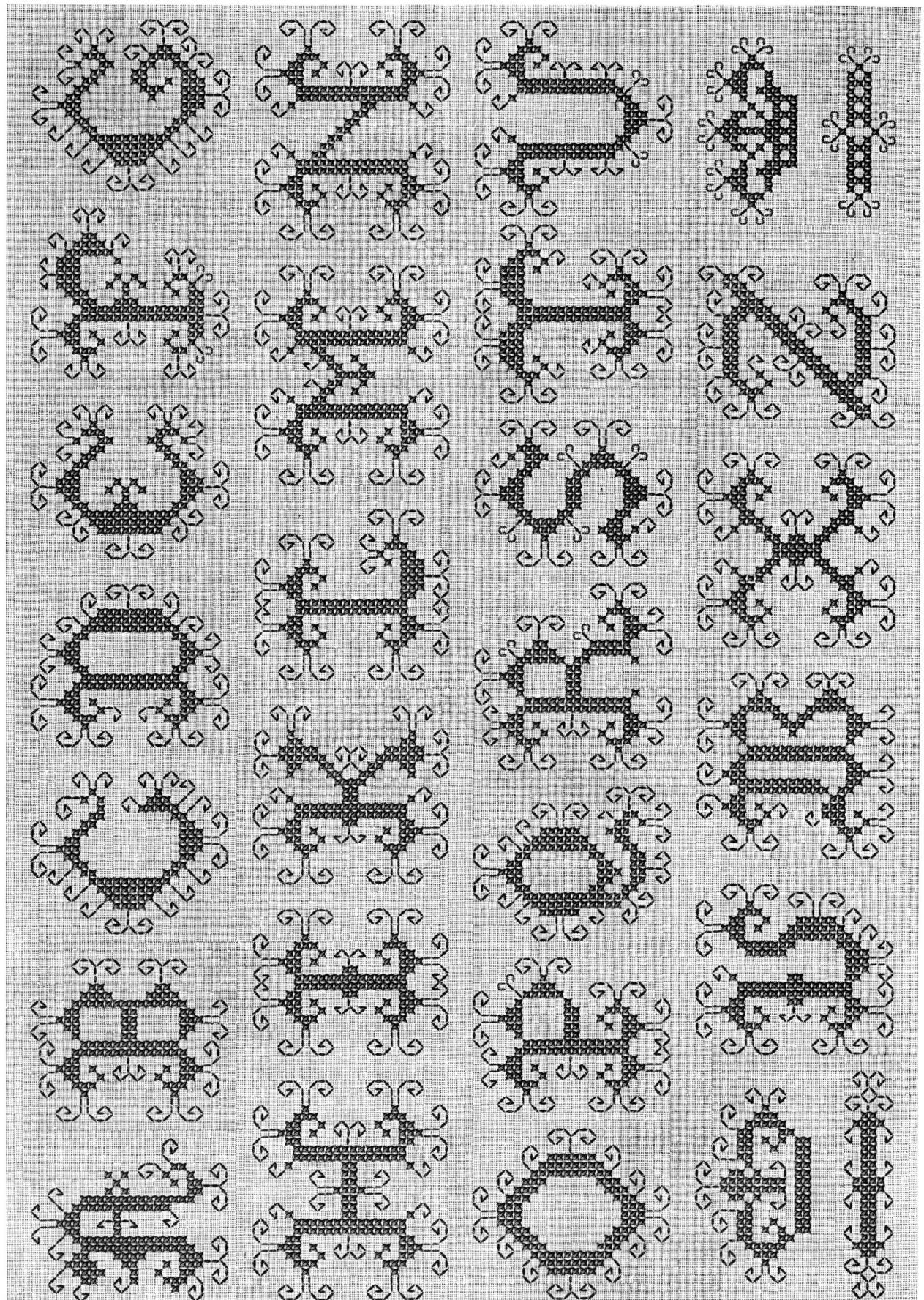

58 Zählvorlage eines Alphabets aus der Zeit um die Mitte des 18. Jahrhunderts. Arbeitsprobe auf Seite 48.

59 Zählvorlage aus der Zeitschrift „Bazar“ (um 1850). Arbeitsprobe auf Seite 48.

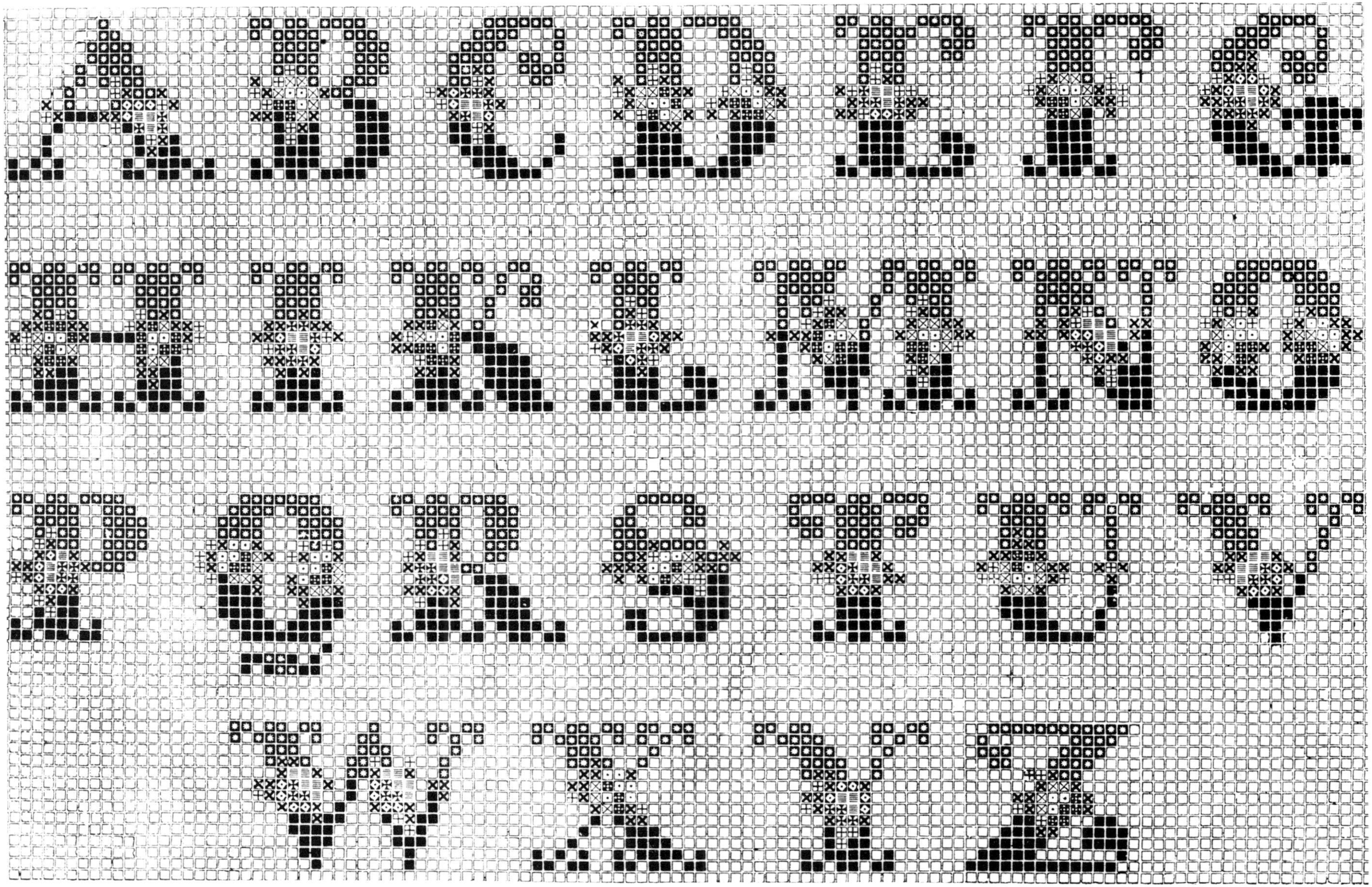

△ 60 **Arbeitsprobe zum Alphabet auf Seite 46.**

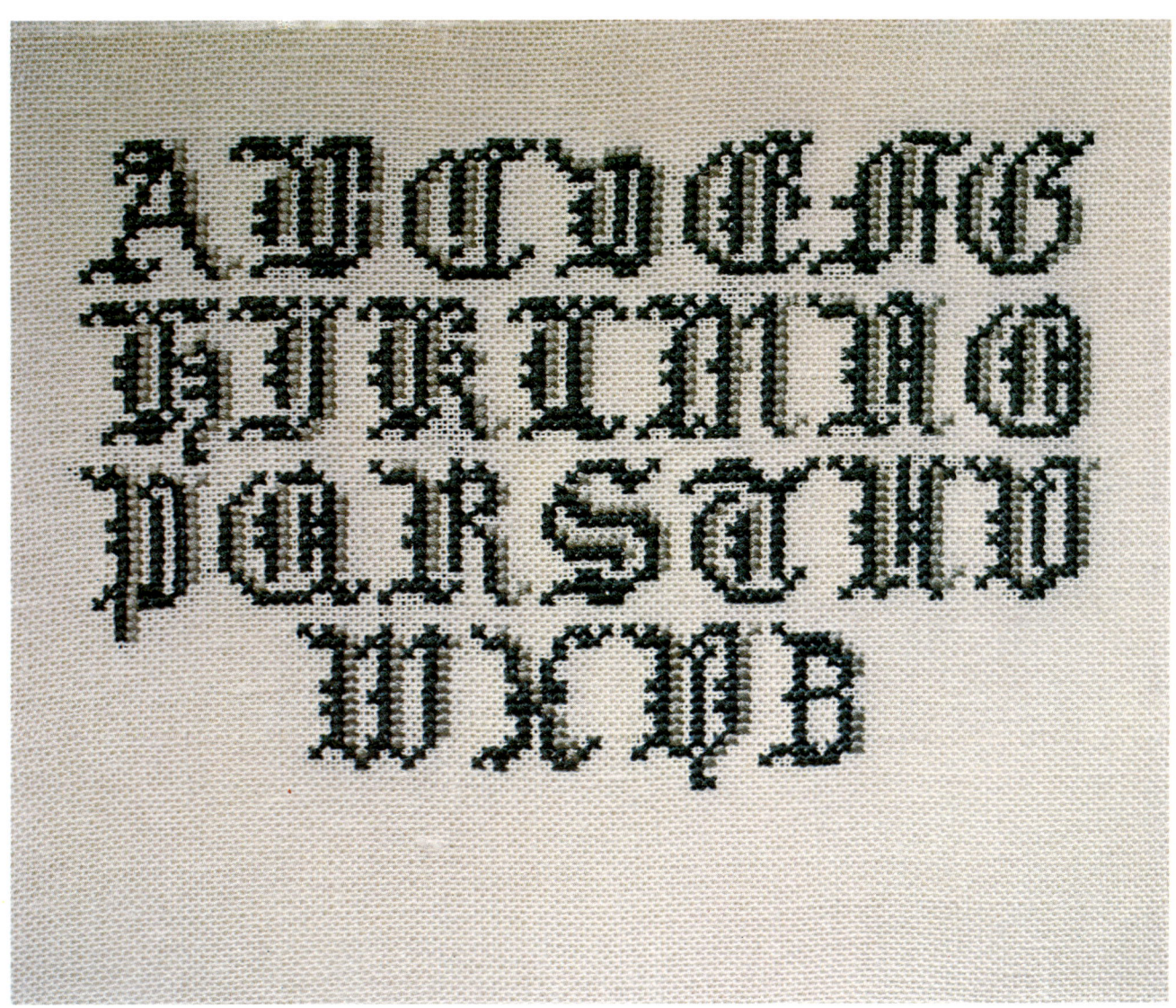

△ 62 **Zweifarbiges Alphabet, gestickt nach der Zählvorlage auf Seite 50. Das fehlende I kann man aus dem Buchstaben J entwickeln, indem man den Kopf und den Fuß rechts genau so arbeitet wie in der linken Buchstabenhälfte.**

◁ 61 **Arbeitsprobe zum Alphabet auf Seite 47. Das vollständig gestickte Alphabet befindet sich auf der Vorderseite des Buchumschlags in einer anderen Farbkombination.**

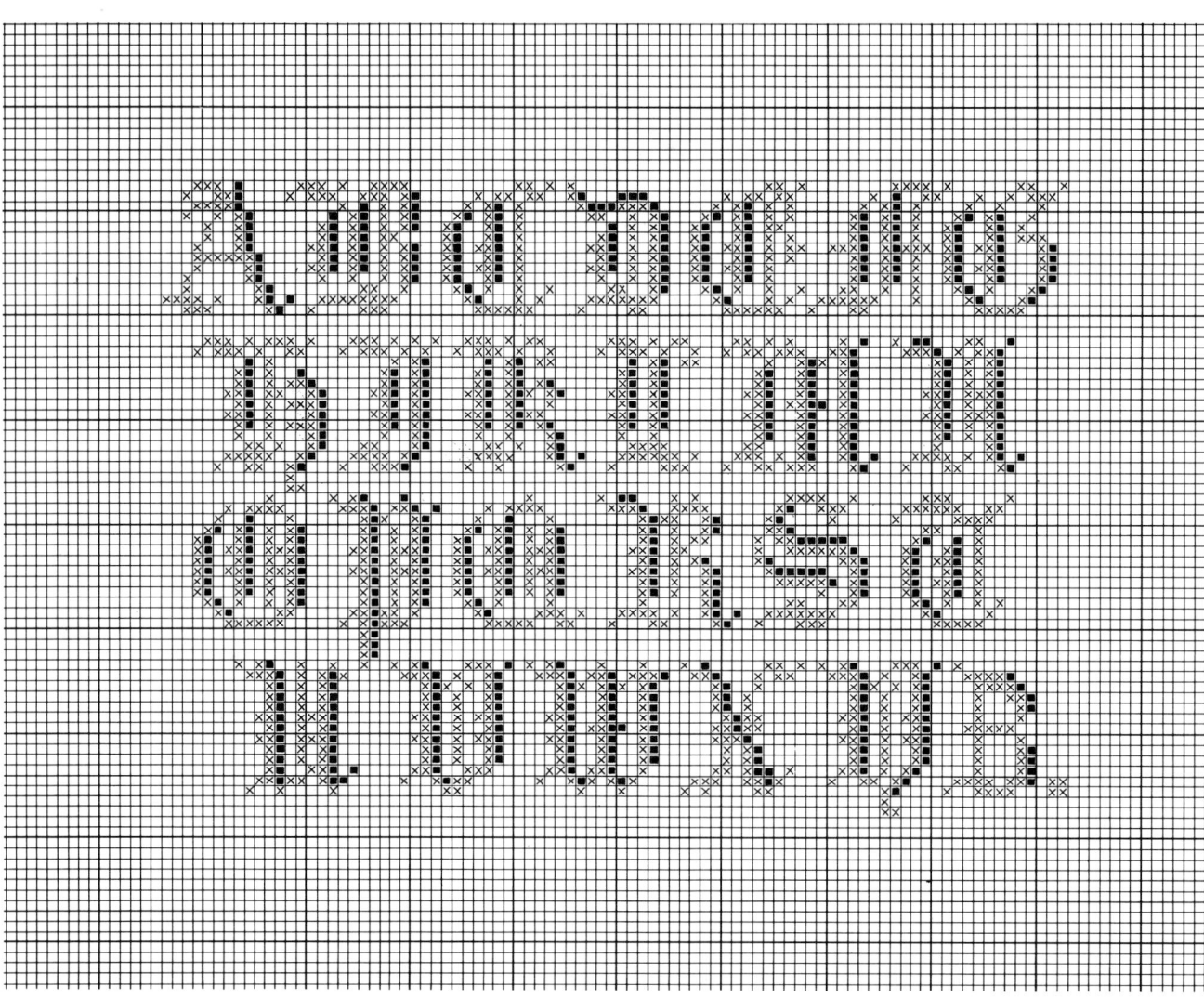

63 Zählvorlage zu einem Alphabet, das man entweder zweifarbig oder in zwei verschiedenen Sticharten (Kreuzstich/Kästchenstich) arbeiten kann. Die auf der Vorlage markierten Kästchen stehen für Kreuzchen in einer Kontrastfarbe oder für Kästchen, die ebenfalls in einer Kontrastfarbe gestickt werden könnten.

64 Zählvorlage zu einem sehr dekorativen Alphabet. Arbeitsprobe auf Seite 52.

◁ **65** Arbeitsprobe aus Buchstaben des Alphabets von Seite 51.

▽ **66** Zählvorlage eines Alphabets aus der Zeitschrift „Bazar" (um 1850) mit Groß- und Kleinbuchstaben. Arbeitsprobe unten.

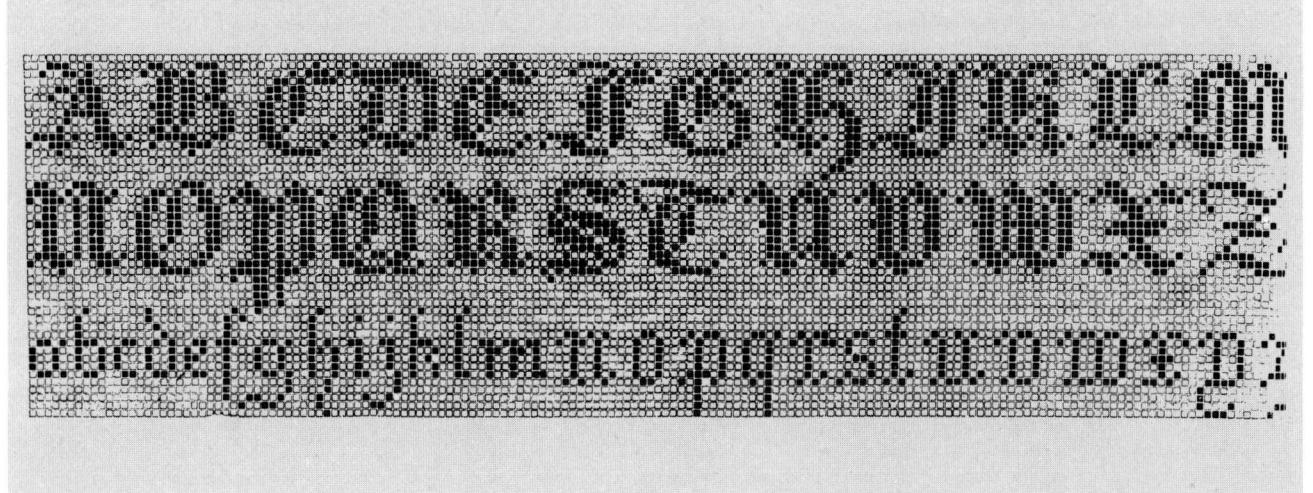

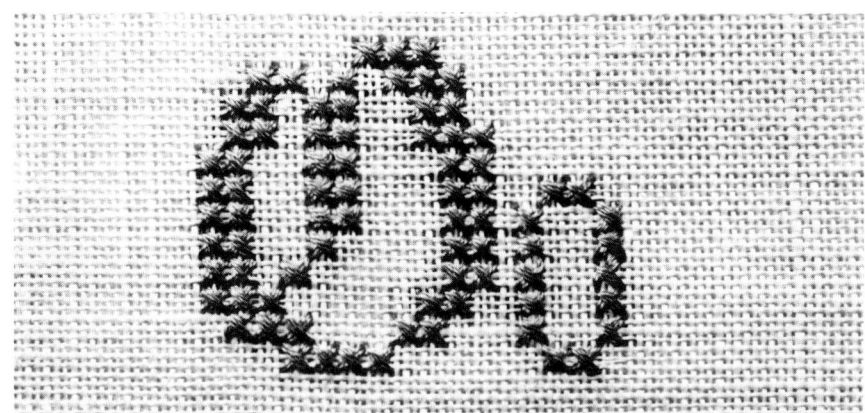

▷ **67** Arbeitsprobe zur Zählvorlage oben.

68　Altes Mustertuch unbekannter Herkunft. Das Fehlen der Buchstaben I, K,
W, X und Y läßt den Schluß zu, daß es aus dem italienischen Sprachraum
stammen könnte. Die fehlenden Buchstaben lassen sich bei Bedarf aus den
vorhandenen entwickeln, z.B. das I (bei den Großbuchstaben) aus dem F, das K
aus dem R, das W aus dem V. Zählvorlagen zu den Alphabeten (in geänderter
Anordnung) auf den Seiten 54 und 55.

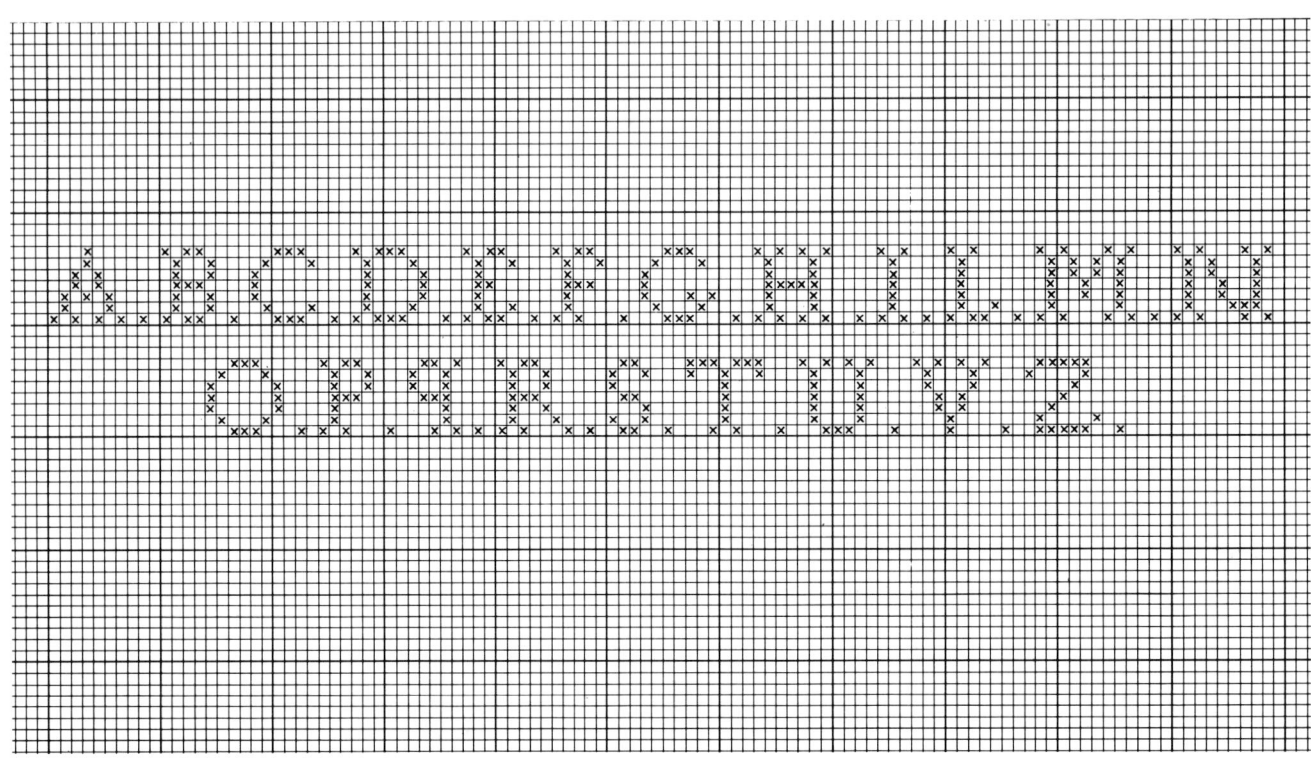

69 △   **70** ▽

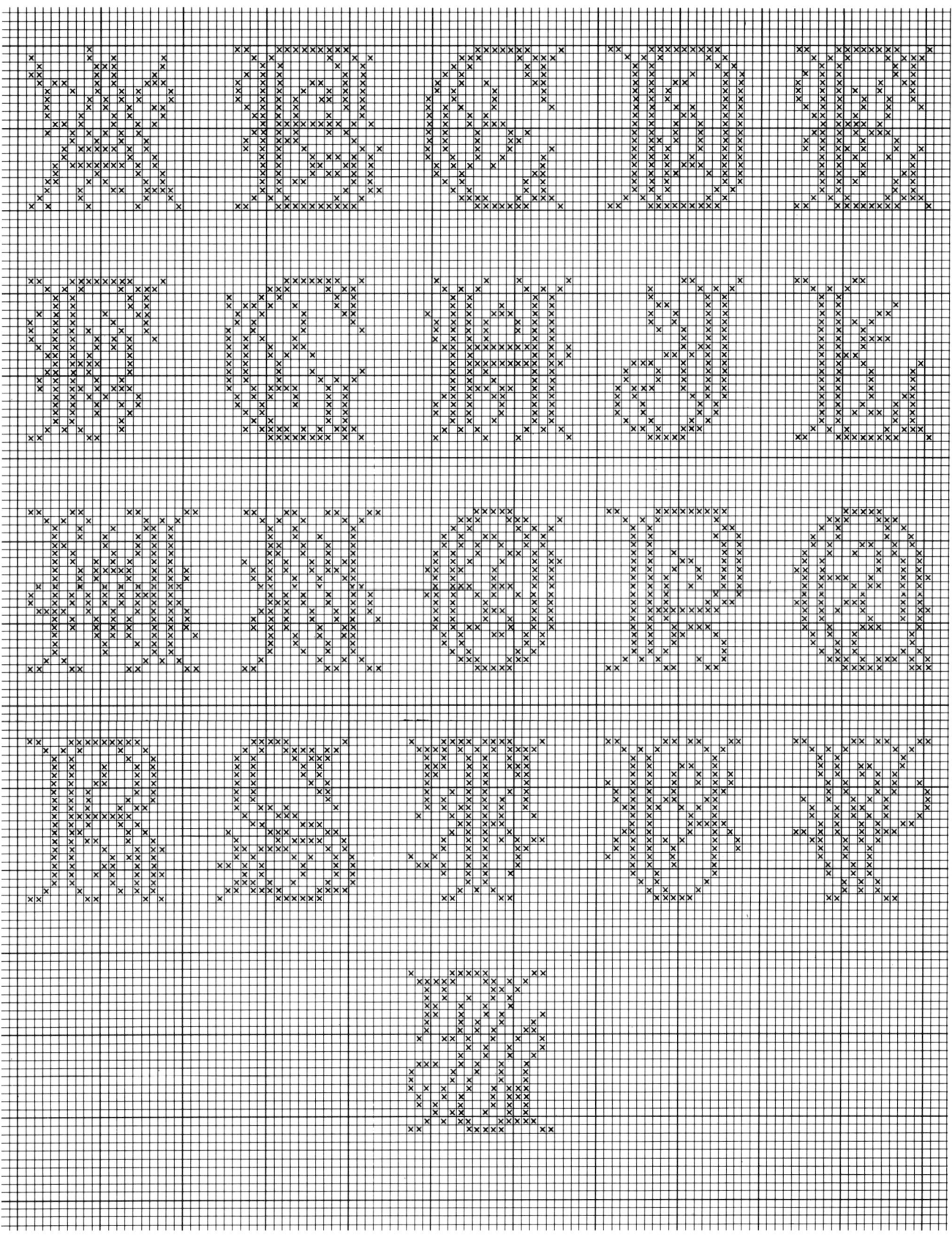

71

69, 70, 71 sind Zählvorlagen zu den Alphabeten vom Stickmustertuch auf Seite 53.

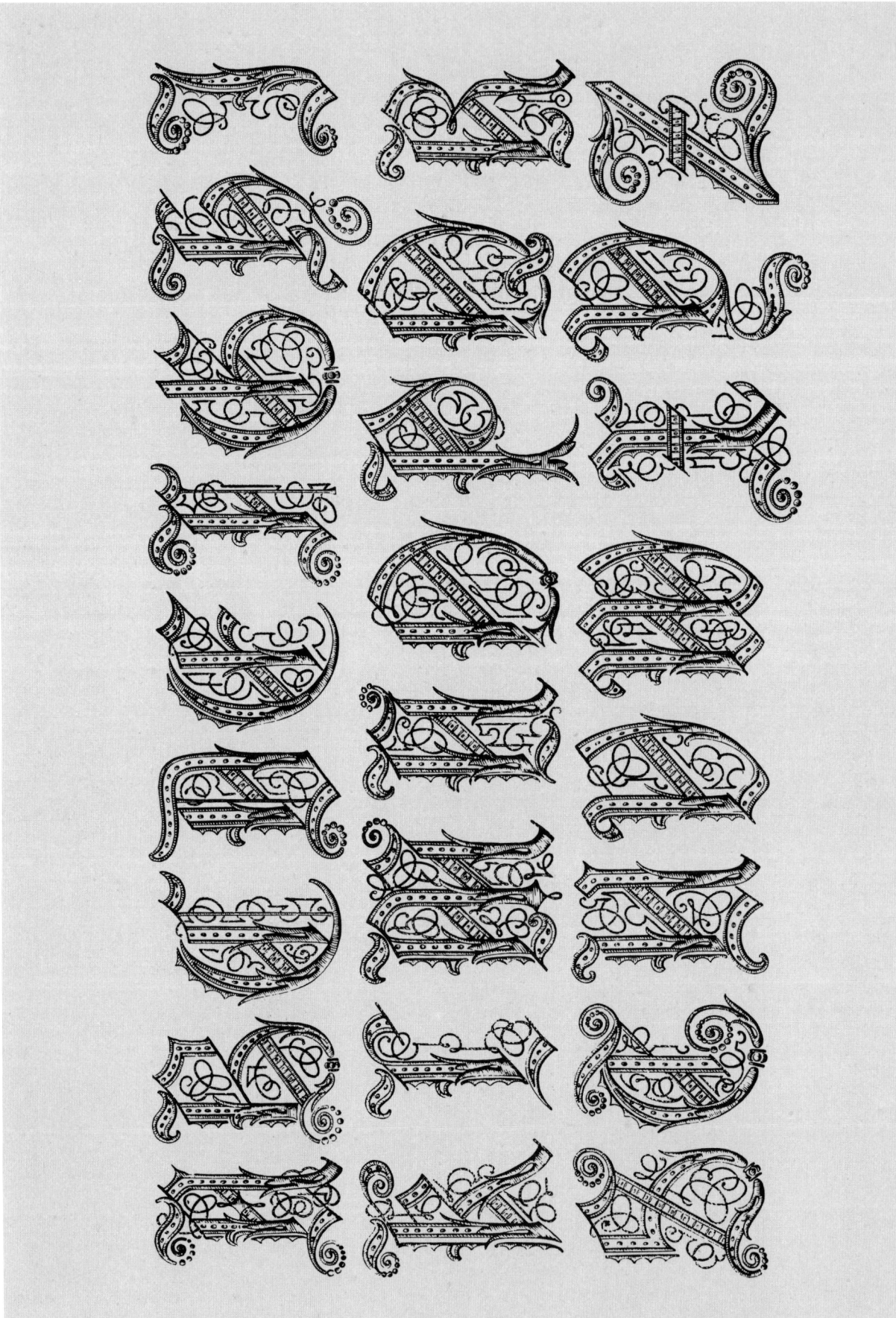

73 Arbeitsprobe zum Alphabet links. Das für Weißstickerei gedachte Alphabet stammt aus einer Mustersammlung der Zeitschrift „Bazar" (19. Jh.). Der fehlende Buchstabe I kann aus dem L entwickelt werden, indem man den Fuß wie den Kopf arbeitet. Wie man Buchstaben vergrößert, steht auf Seite 10, oben, wie man sie auf den Stoff überträgt, auf den Seiten 7 und 8.

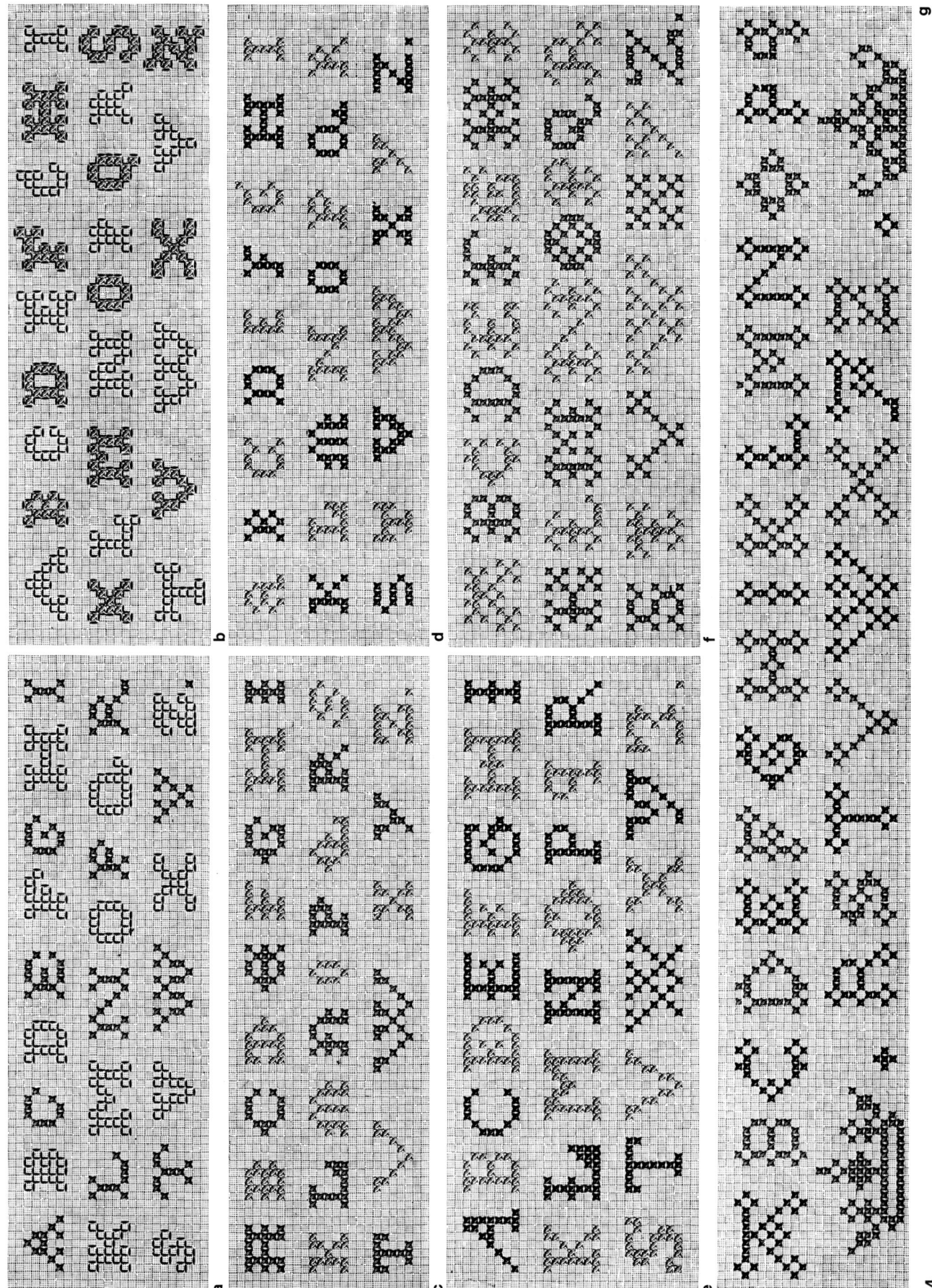

75 a

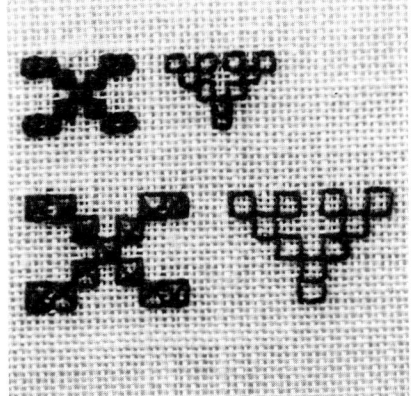

75 b

75 c

75 a–c   Arbeitsproben zu den Alphabeten a, b, und c von der Zählvorlage links. Alle auf dieser Vorlage zusammengestellten Alphabete stammen aus der Mustersammlung deutscher Leinenstickerei der Zeitschrift „Modenwelt" aus dem Jahre 1881.

Arbeitsprobe a zeigt ein Alphabet in Kreuz- und Kästchenstich, buchstabenweise wechselnd.

Arbeitsprobe b zeigt Buchstaben, die wechselweise einmal im Kreuzstich mit Holbeinstichumrandung und einmal im Kästchenstich gestickt wurden. Sie verdeutlicht außerdem den Größenunterschied der Buchstaben beim Übersticken von zwei (oben) oder drei (Gewebefäden.

Arbeitsprobe c zeigt ein einfaches Alphabet, das sich gut für Versuche in der doppelseitigen Kreuzstichtechnik eignet (siehe Seiten 11–13).

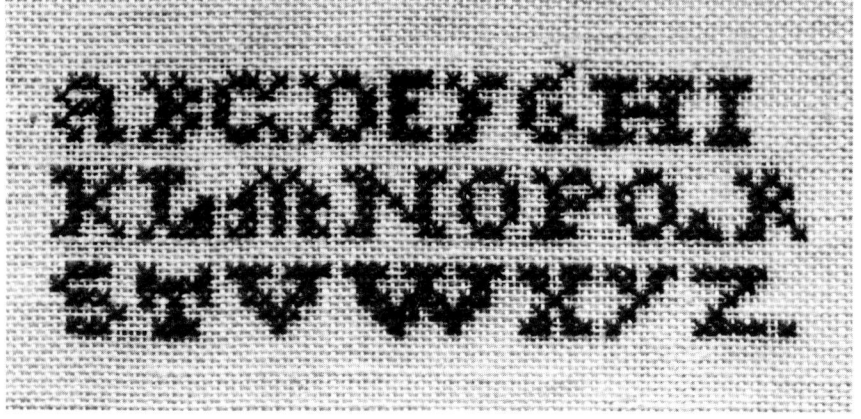

75 d

75 e

75 f

75 g

75 d–g Arbeitsprobe d zeigt ein einfaches kleines Alphabet, das sich zum Sticken ganzer Namen, Wörter oder Sätze gut eignet.
Arbeitsprobe e zeigt drei Buchstaben aus dem Alphabet e des Zählmusters auf Seite 58.
Arbeitsprobe f zeigt ein sehr offenes Stickbild. Die Einzelbuchstaben sind einfach und entsprechend schnell zu sticken.
Arbeitsprobe g zeigt ein Teilalphabet, das ebenfalls leicht nachzusticken ist. Hier bietet sich die Anwendung des doppelseitigen Kreuzstichs (Seite 11–13) oder des Kreuz-Kästchenstichs (Seite 13) an.
Zählvorlagen zu allen Arbeitsproben auf Seite 58.

76 Sticktuch, sogenanntes ABC-Tuch aus der Zeit um 1880.
Das mit unterschiedlichen Langettenbögen eingefaßte Tuch aus Batist
ist vorwiegend im Platt- und Stielstich gearbeitet. (Plattstich siehe
Seite 17, Stielstich Seite 18.) Zeichenvorlage zu den Alphabeten auf den
Seiten 62 und 63.

62

abcdefghijklmnopqrstuvwxyz&

79 **Zwei Alphabete, gestickt nach dem Zählmuster rechts. Solche Buchstabenreihen wurden um die Jahrhundertwende von Kindern im Schul-Handarbeitsunterricht gestickt, vorwiegend mit rotem Faden auf schüttergewebtem Baumwollstoff oder Leinen. Bei der Arbeitsprobe wurde grobes Leinen einfädig mit schwedischem Leinengarn (das leider nicht farbecht war) bestickt.**

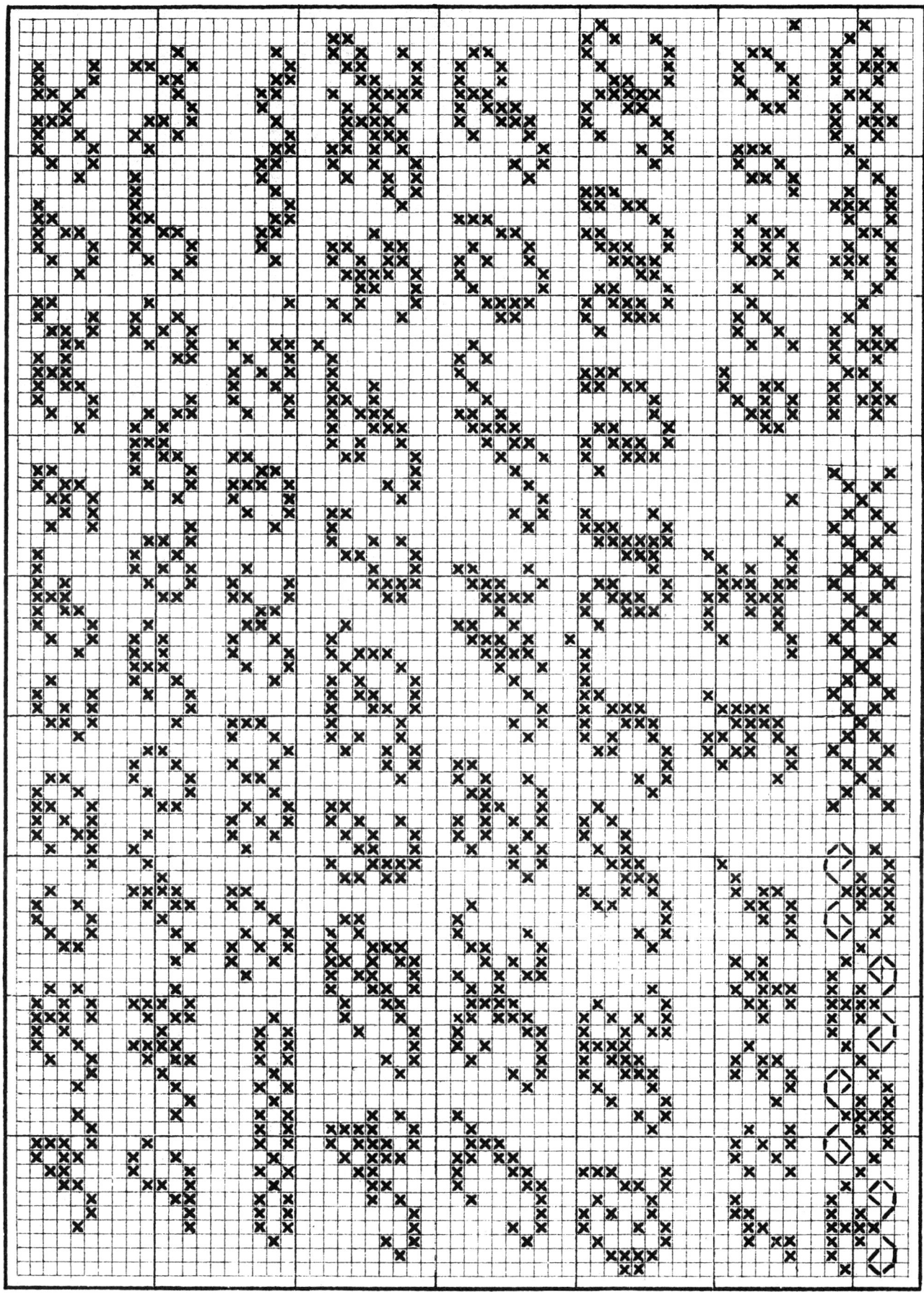

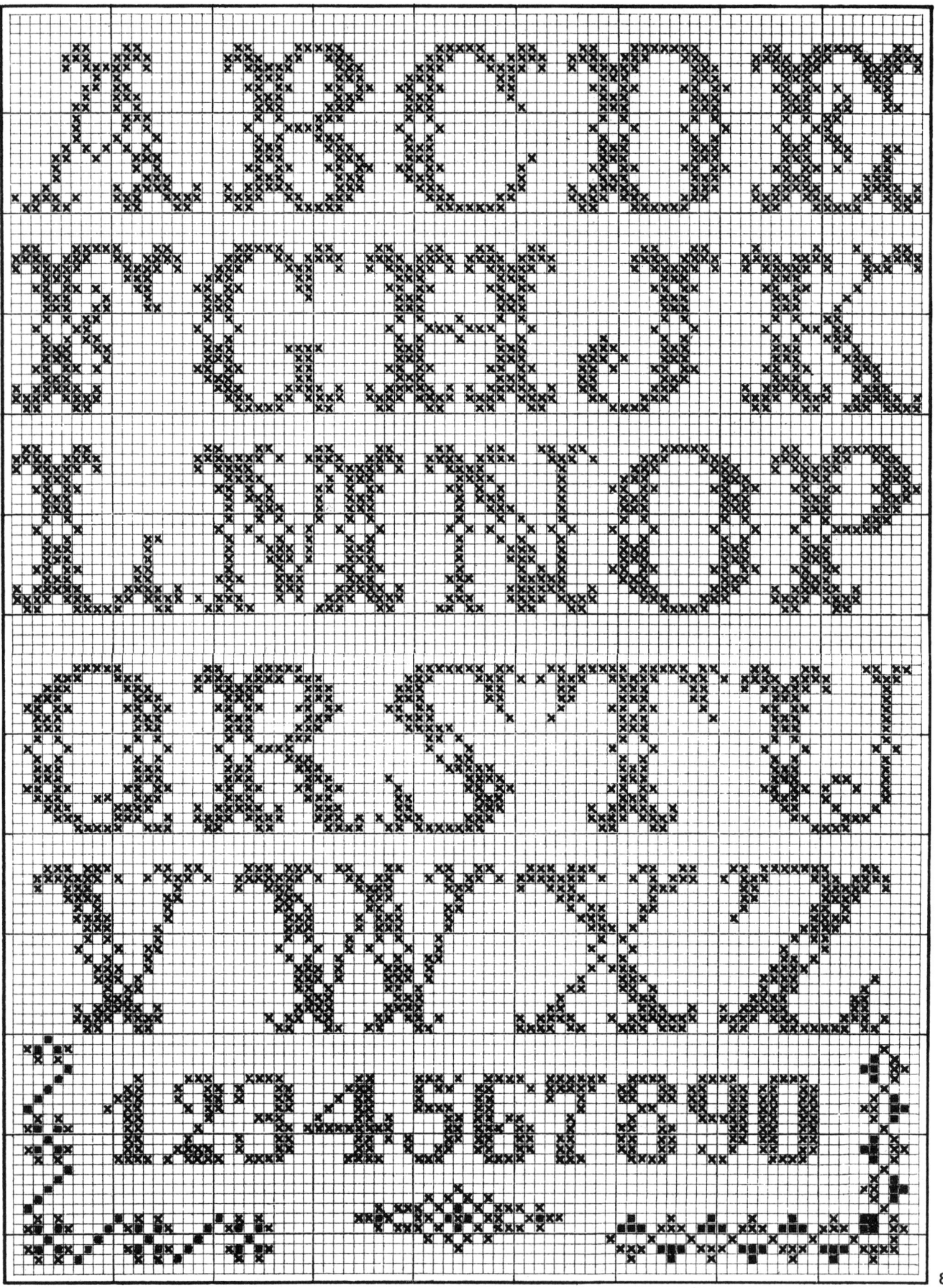

82 Arbeitsprobe zur Kreuzstich-Zählvorlage links.

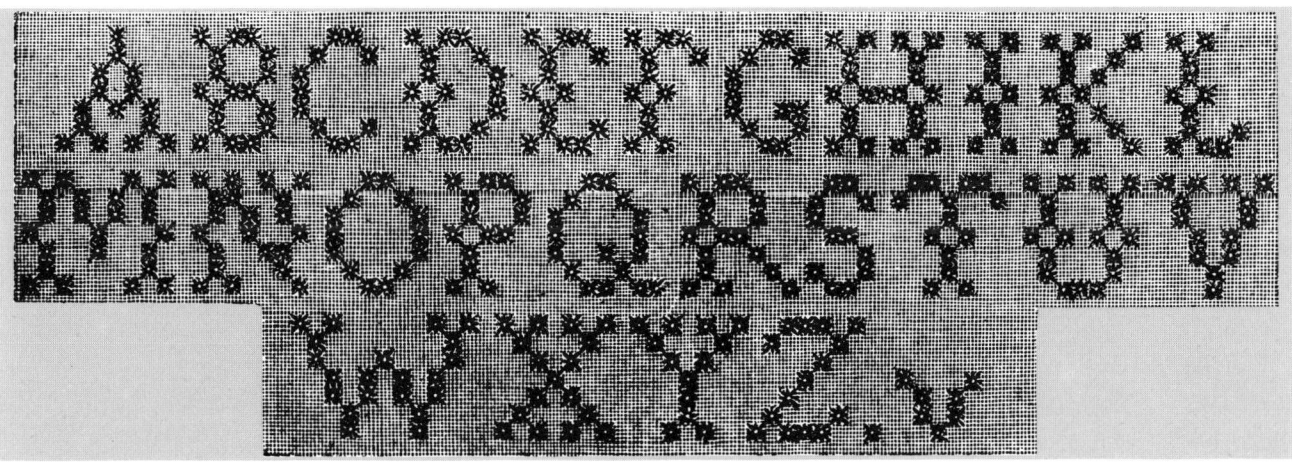

84 Arbeitsprobe im Sternstich zur Zählvorlage oben. Der Sternstich ist auf Seite 16 erklärt.
Man kann das Alphabet jedoch auch im Doppelkreuzstich (Seite 15) oder im einfachen Kreuzstich arbeiten. Bei einfachen Kreuzstichen werden die Buchstaben sehr klein.

▷ 86 Arbeitsprobe im Kreuzstich, ergänzt durch Geradstiche, zum Alphabet links. Die Zählvorlage, die eigentlich für Filetstickerei gedacht ist, stammt aus der Zeitschrift „Bazar", und zwar aus einem Heft, das um die Mitte des 19. Jh. erschienen ist.

Auch bei dieser Zählvorlage fehlt, wie häufig bei alten Alphabeten, das I. Man kann es jedoch aus dem Buchstaben T entwickeln, indem man den Kopf wie den Fuß arbeitet.

Ungewöhnlich: die unterschiedliche Höhe der einzelnen Buchstaben.

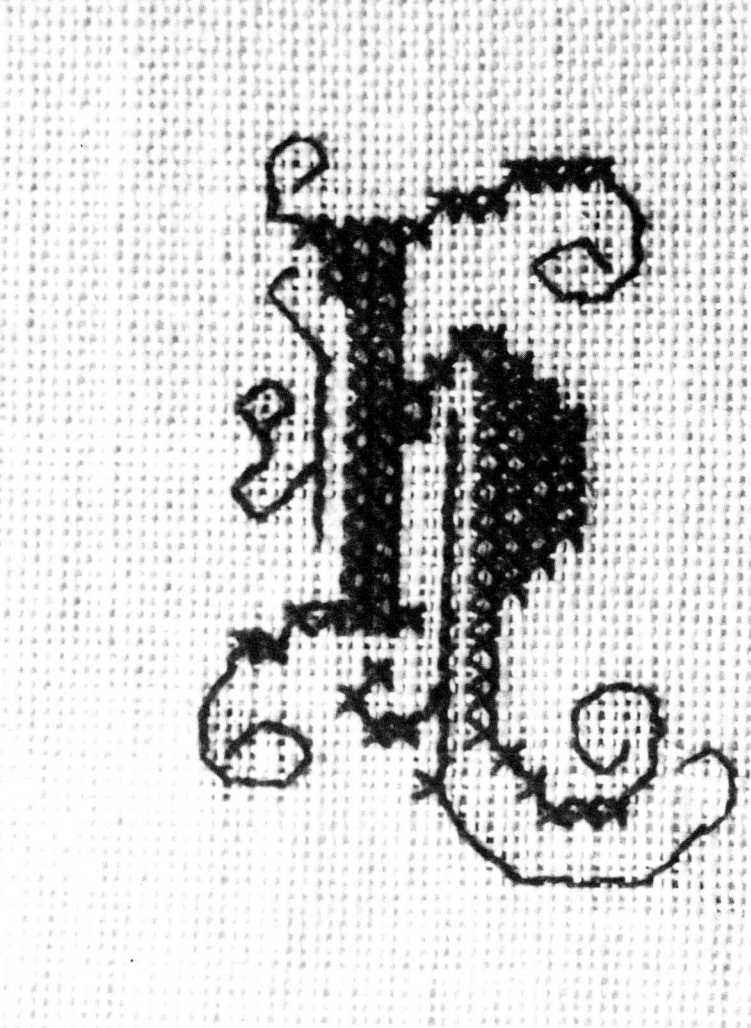

▽ 87 Arbeitsprobe zum Alphabet auf Seite 70.

88   Das Alphabet, nach dem diese Zählvorlage gezeichnet wurde, stammt aus diesem Jahrhundert. Auch hier fehlt, wie so oft, der Buchstabe I. Arbeitsprobe auf Seite 69.

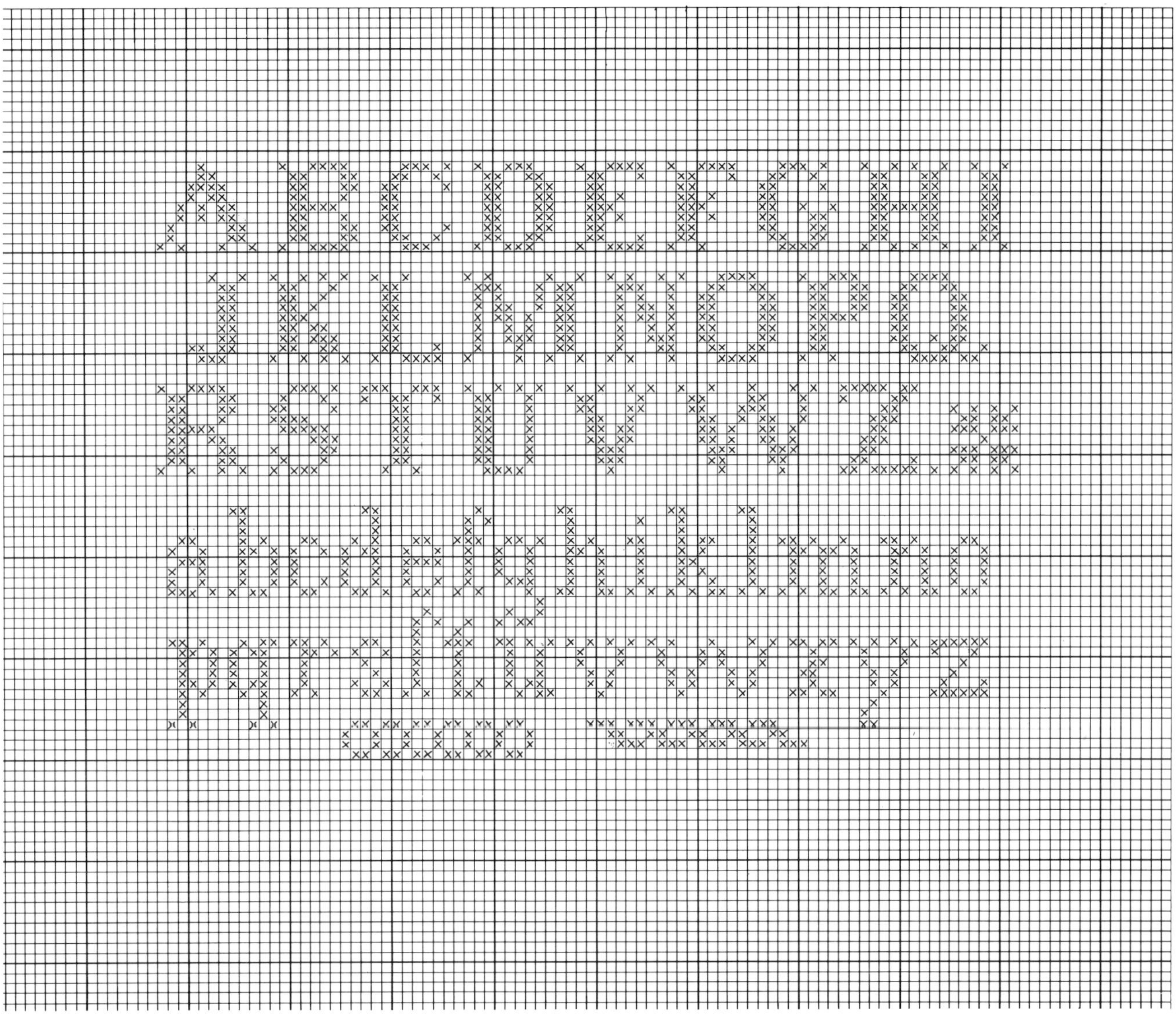

89 Einfaches Kreuzstich-Alphabet mit Groß- und Kleinbuchstaben. Arbeitsprobe unten.

90

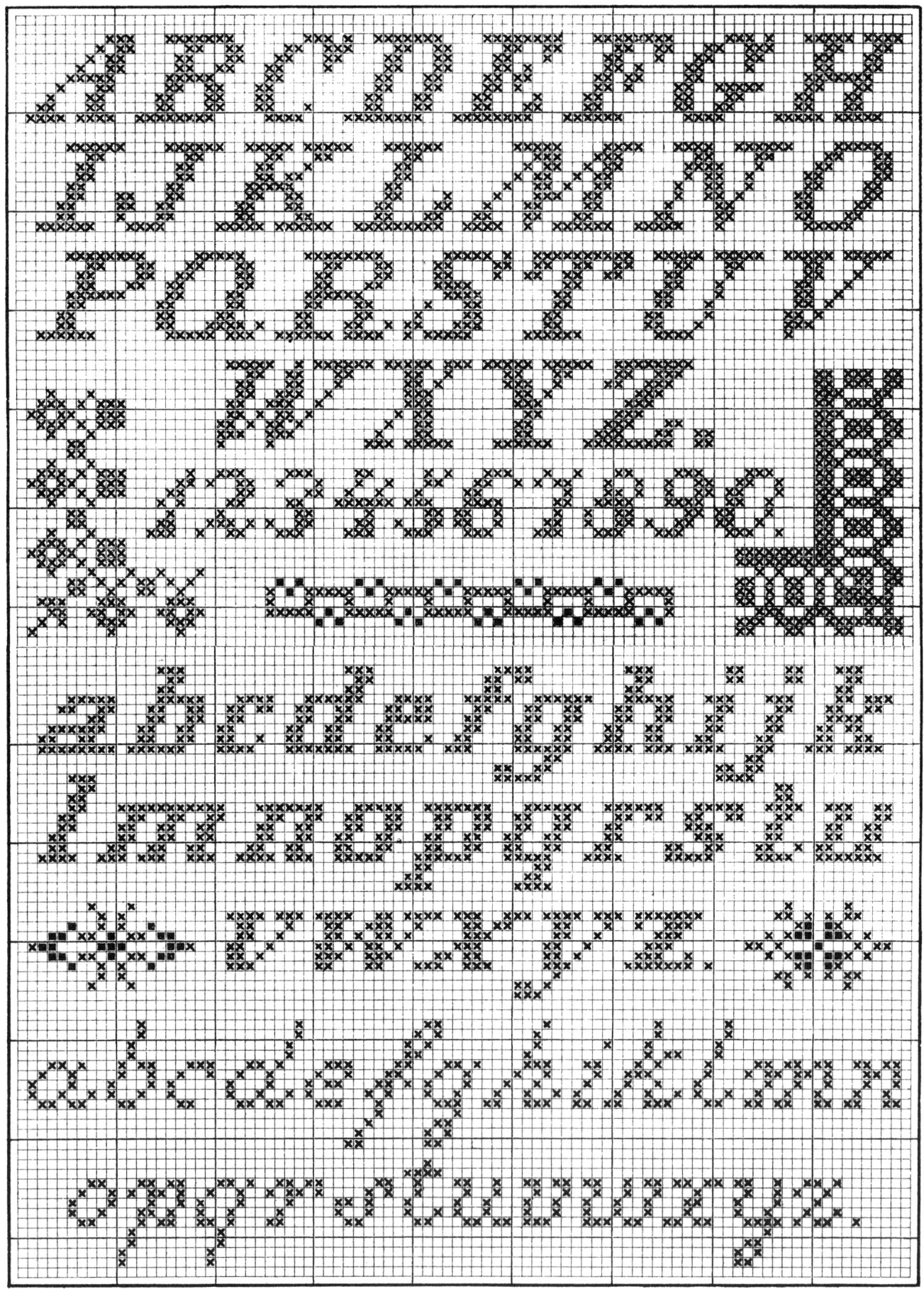

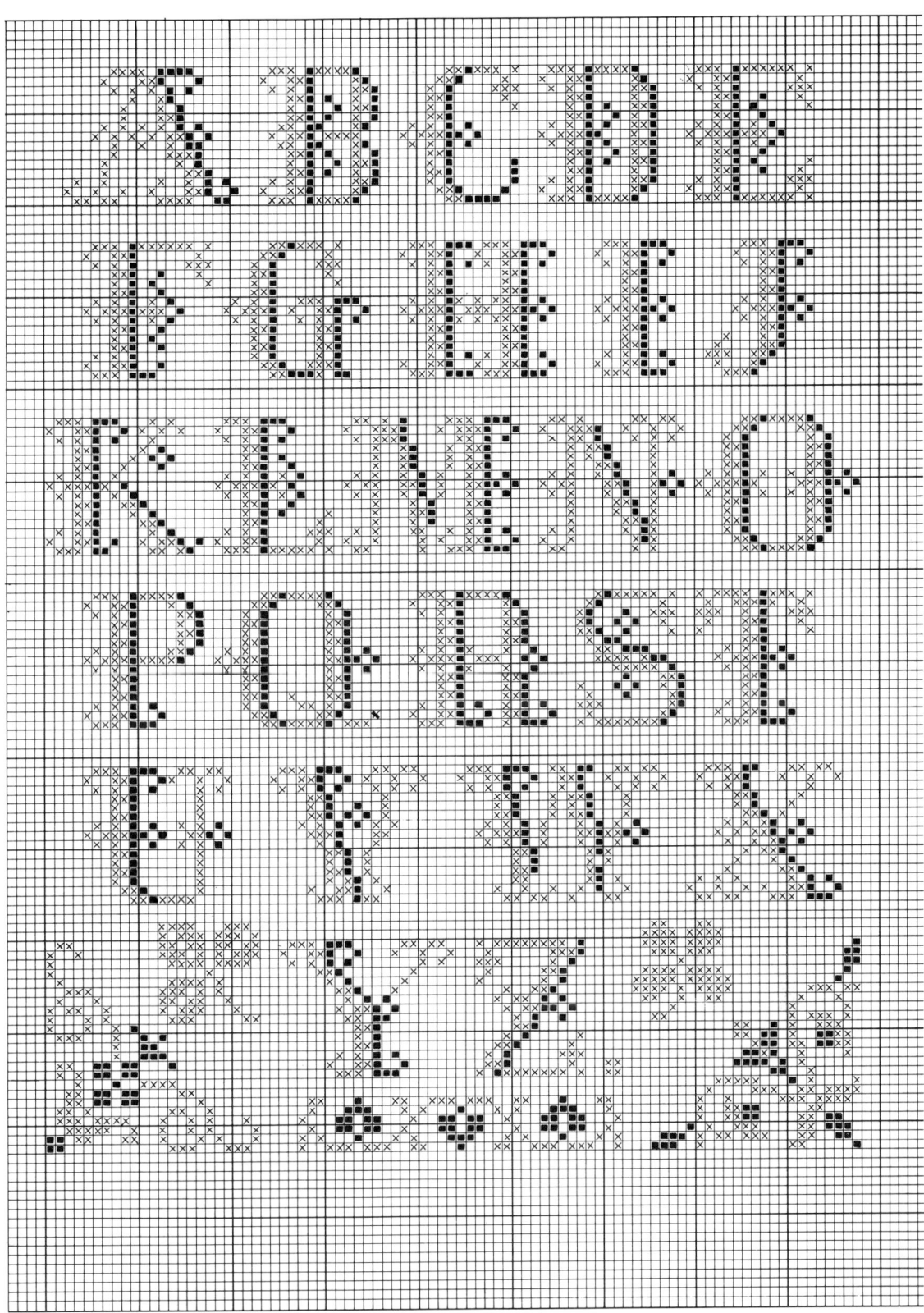

△ 92 **Zählvorlage für ein Alphabet, das entweder im Kreuz- und im Kästchenstich gearbeitet werden kann (Arbeitsprobe auf Seite 74) oder zweifarbig ausschließlich im Kreuzstich.**

◁ 91 **Zählvorlage mit drei Alphabeten und einer Zahlenreihe für Kreuzstichstickereien.**
Arbeitsprobe dazu auf Seite 74 oben.

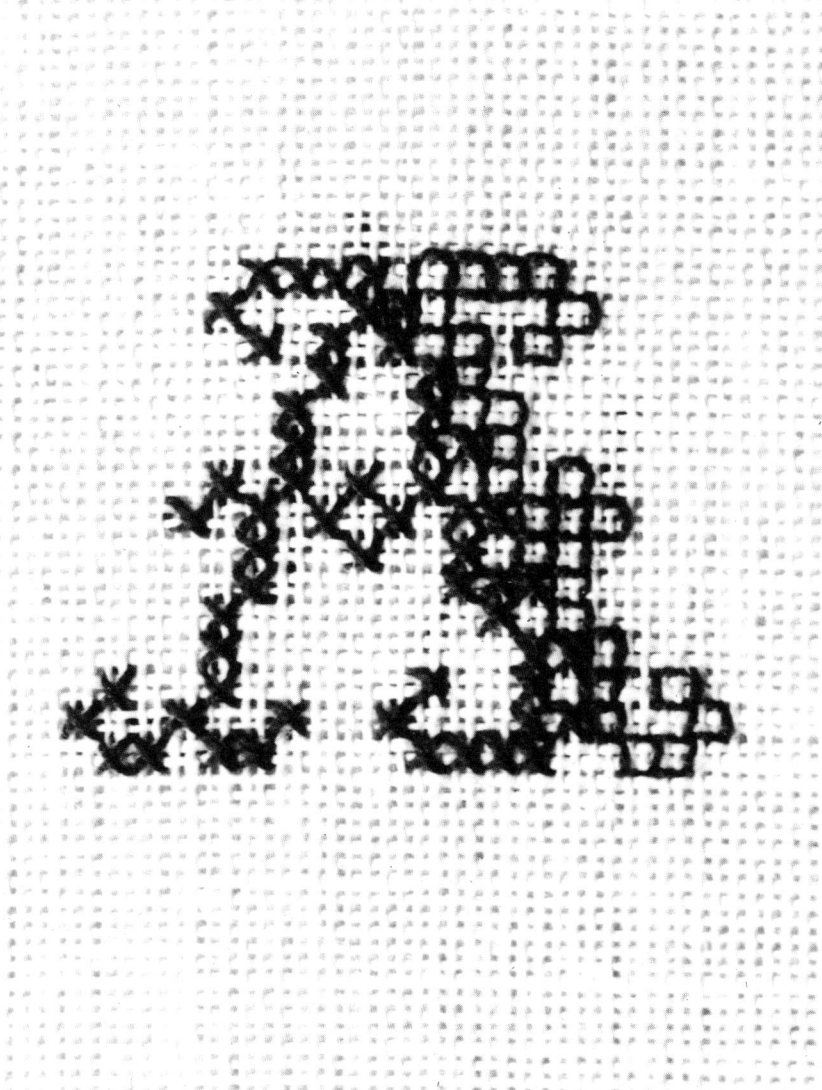

△ 93 Arbeitsprobe zur Zählvorlage von Seite 72. Die Buchstaben wurden mit Perlgarn auf grobem Leinen gestickt.

◁ 94 Arbeitsprobe zum Alphabet von Seite 73. Man kann die Buchstaben teils im Kreuz- und teils im Kästchenstich arbeiten (Seite 11 und Seite 14). Wer jedoch die Hohe Schule der Stickkunst beherrscht, stickt den Kreuz-Kästchenstich (Seite 13), und zwar die eine Hälfte auf der Vorderseite der Arbeit, die andere auf der Rückseite. Diese Technik ist besonders dann anzuwenden, wenn die Stickerei später von beiden Seiten sichtbar ist, z.B. bei einem bestickten Schal.

95 Buchstaben wie diese eignen sich gut für Initiale, Monogramme oder
Namenszüge, da sie besonders groß und dekorativ sind. Die Zählvorlage, die
das gesamte Alphabet zeigt, steht auf Seite 76.
Das wuchtige Alphabet, von dem diese Zählvorlage angefertigt wurde, stammt
von einem Mustertuch aus der Zeit um 1790. Die Zählvorlage wurde der Samm-
lung altdeutscher Leinenstickerei entnommen, die 1881 von der Zeitschrift
„Modenwelt" zusammengestellt wurde.

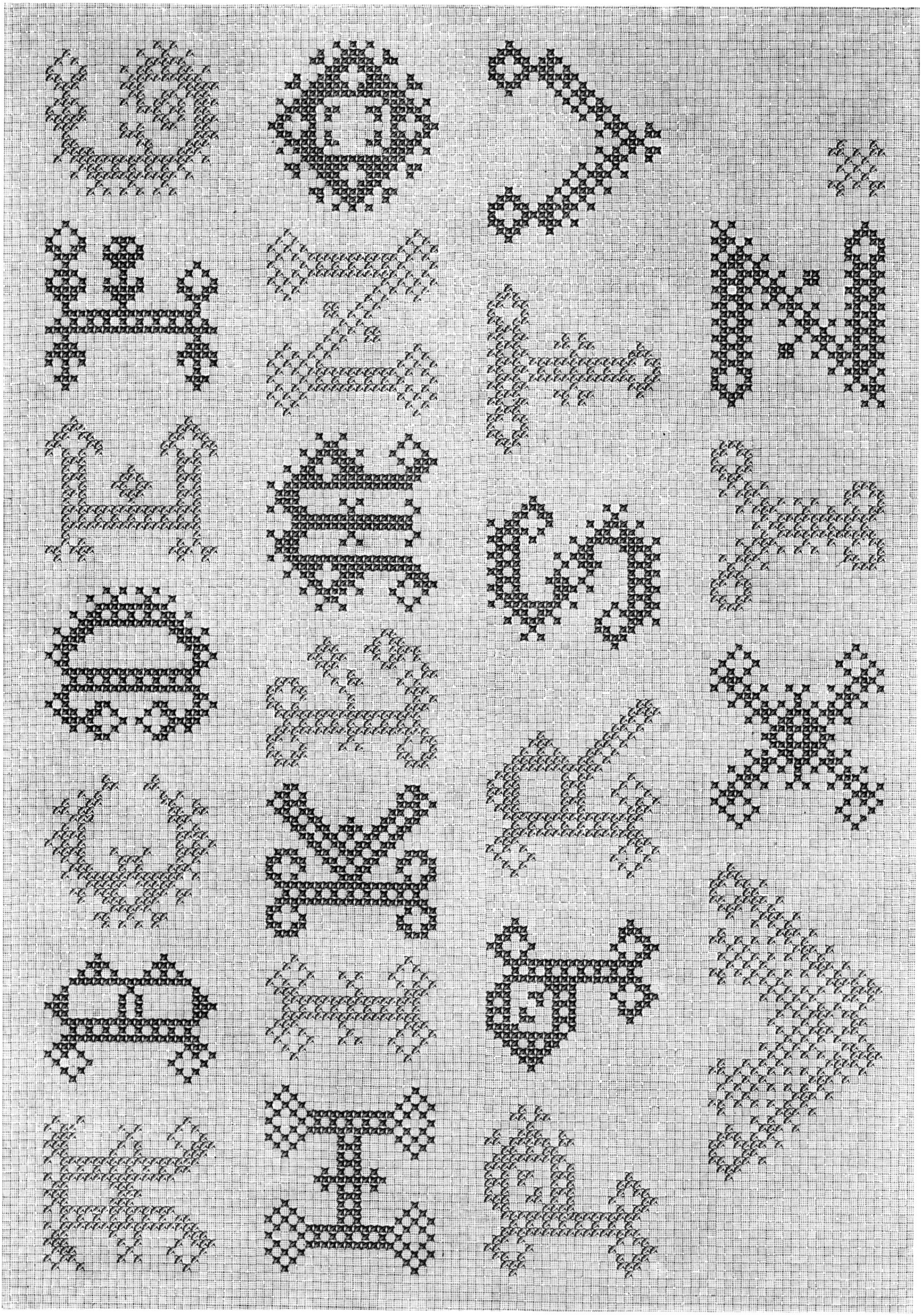

96 Zählvorlage zur Arbeitsprobe von Seite 75.

Vorlagenteil ohne Arbeitsproben

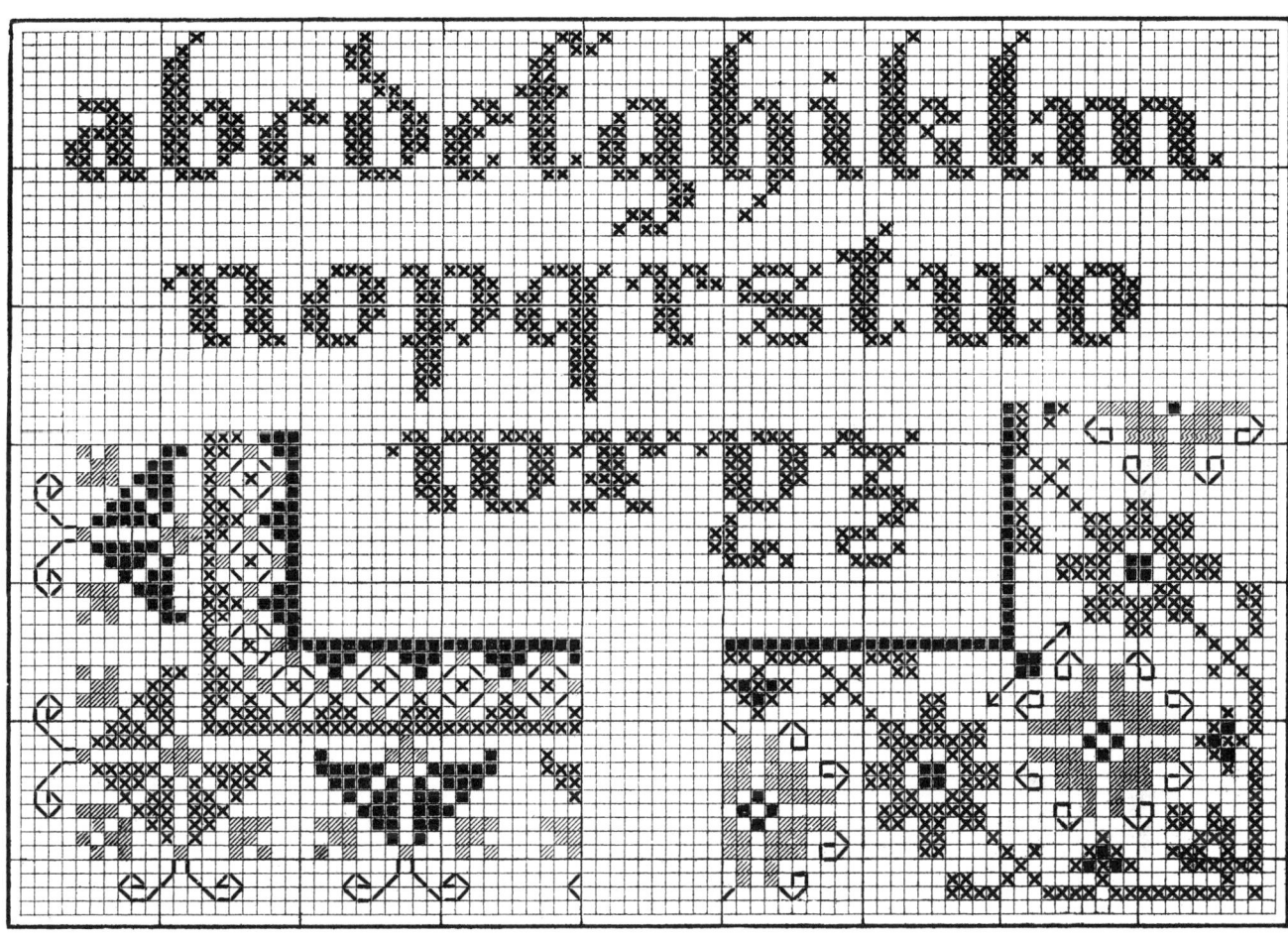

97

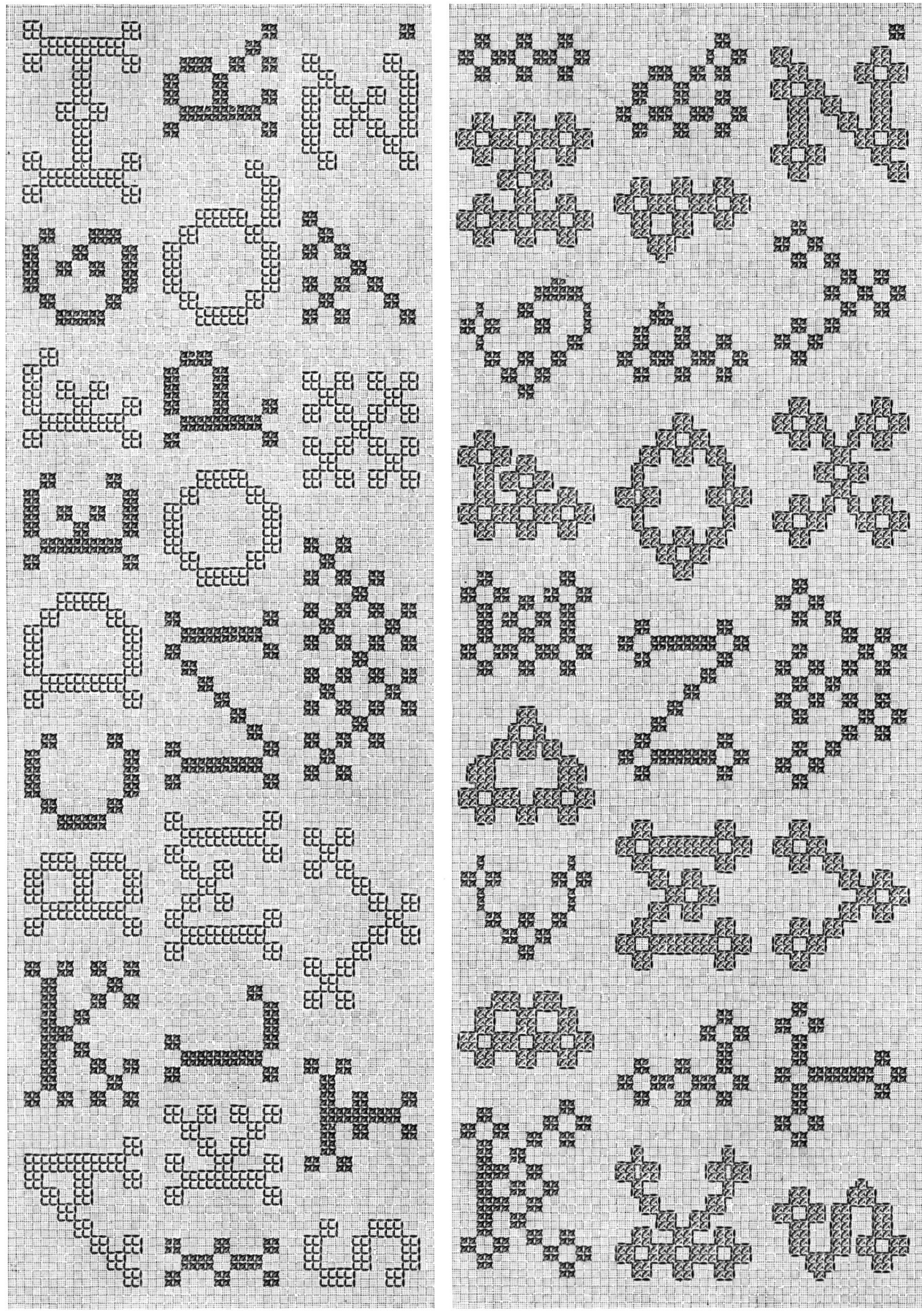

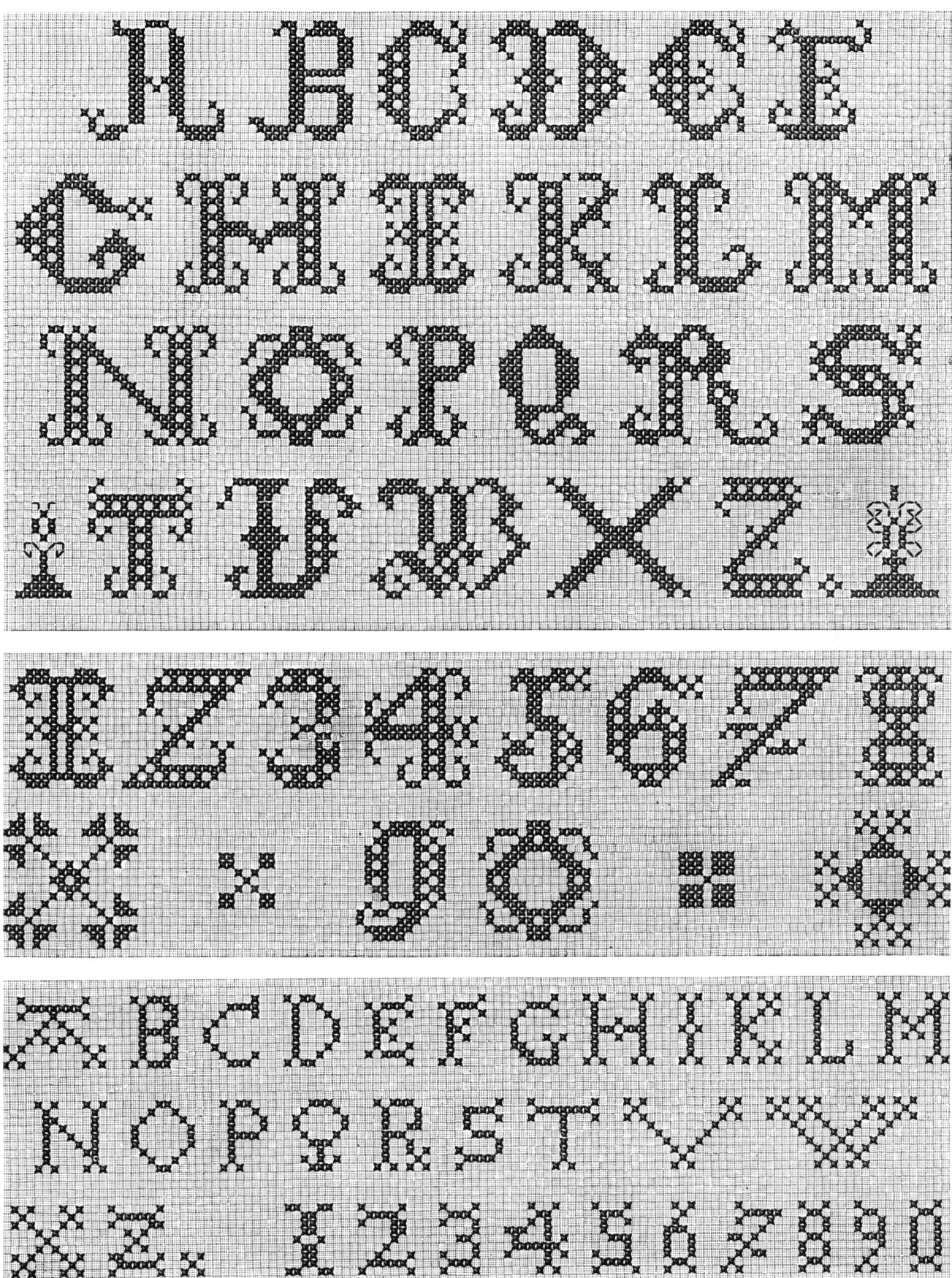

99

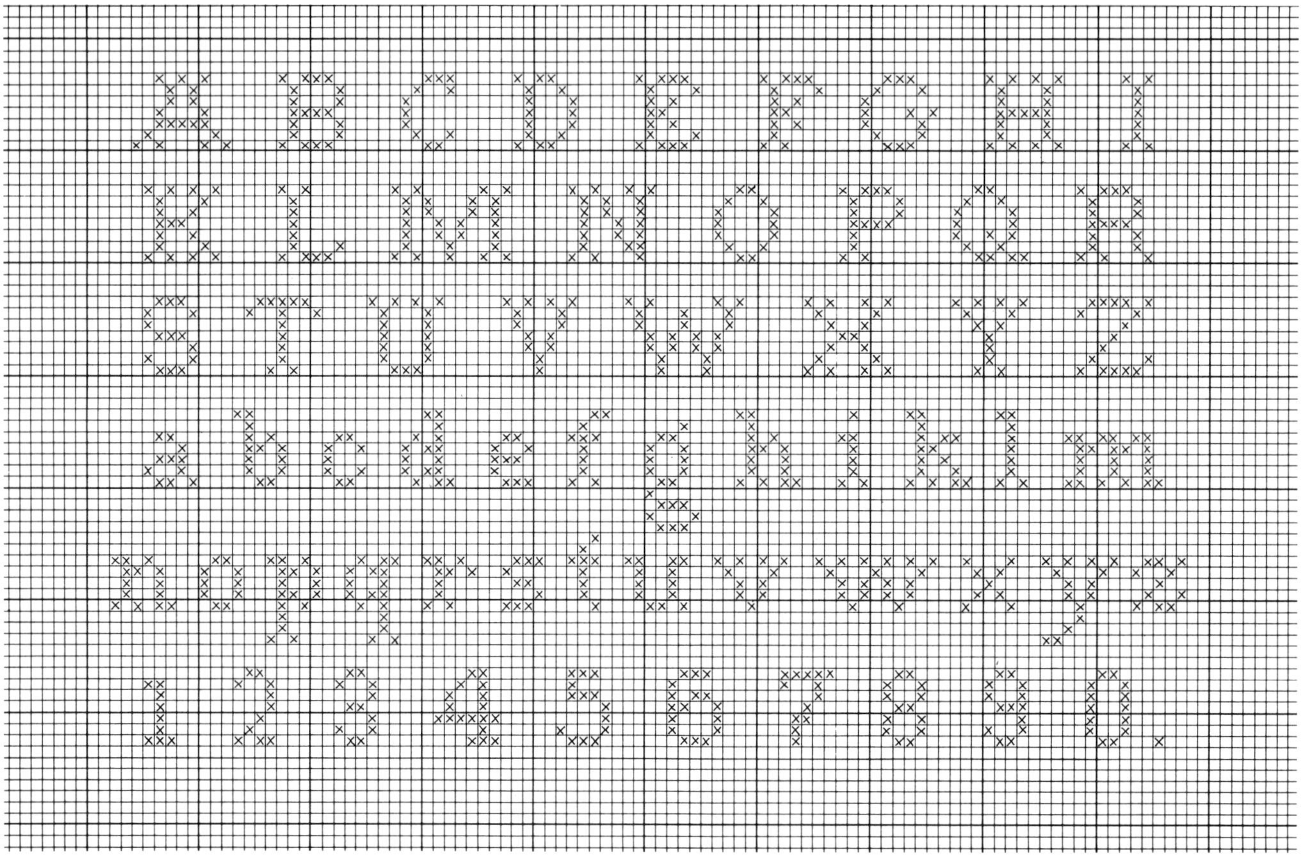

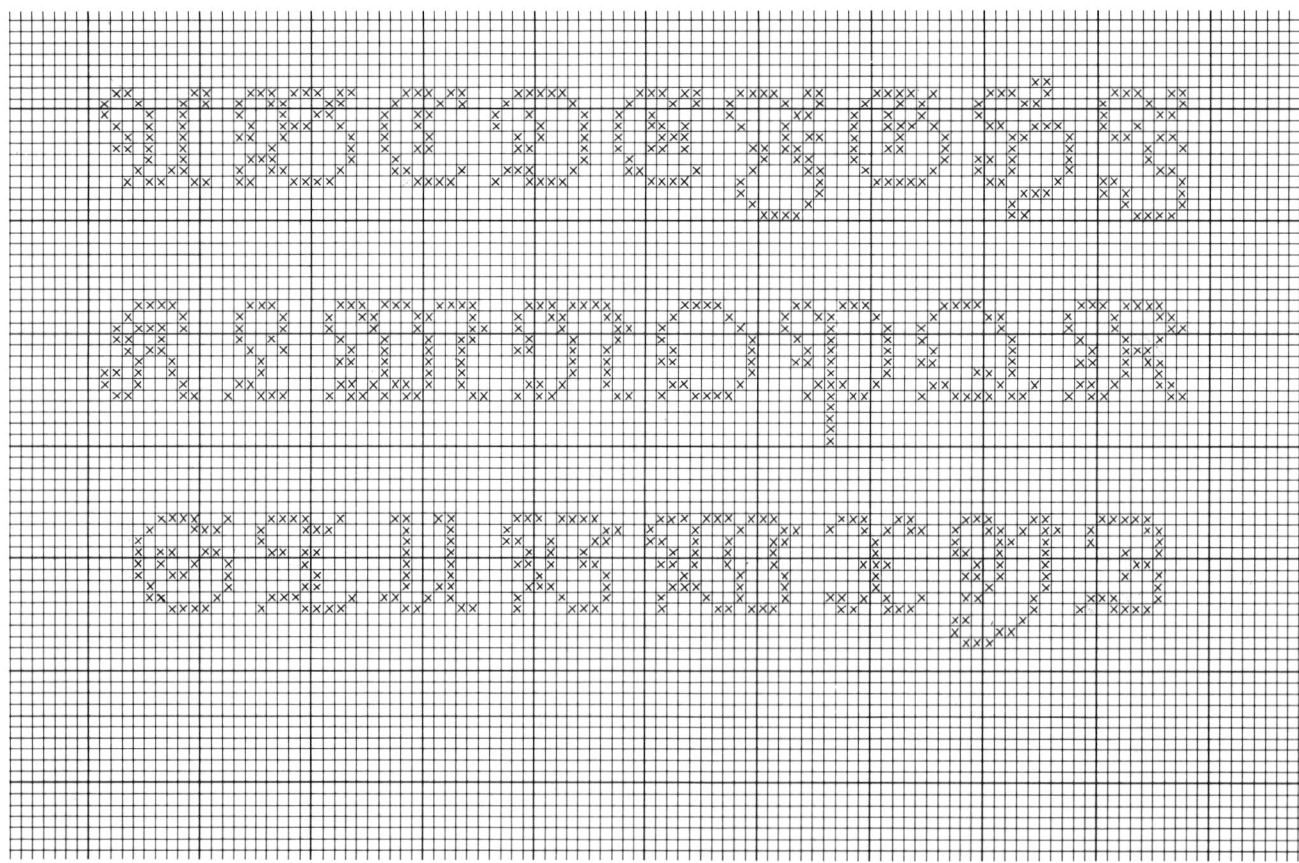

100

101

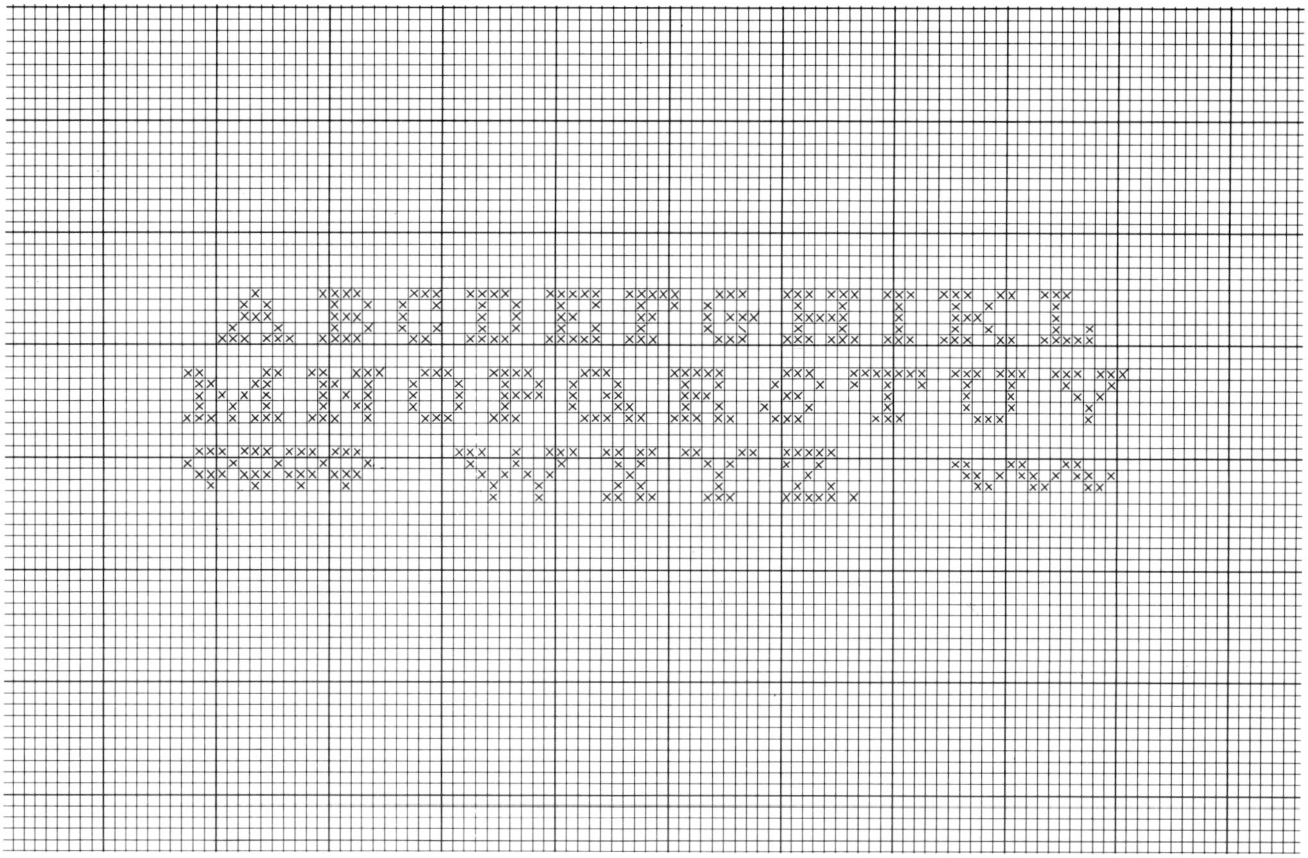

102

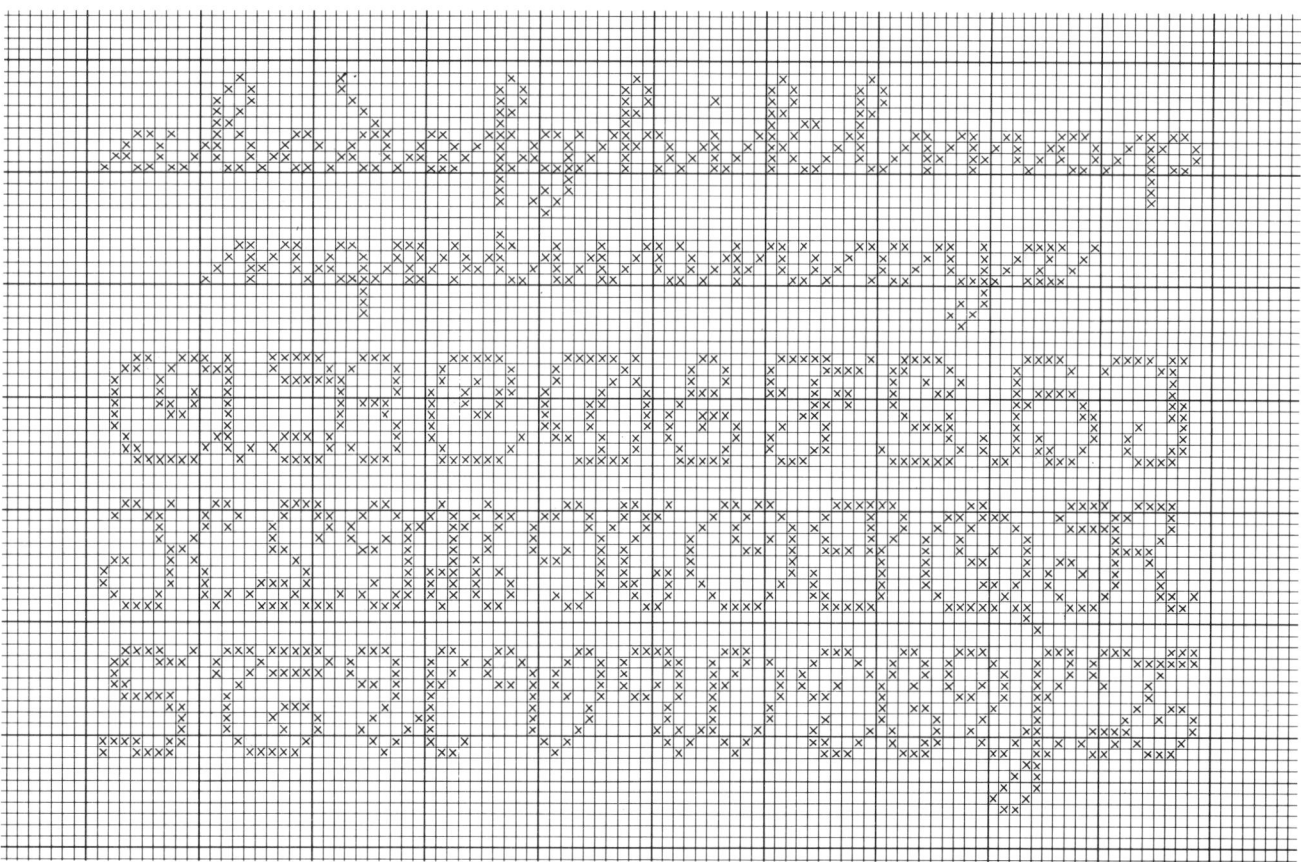

103

104

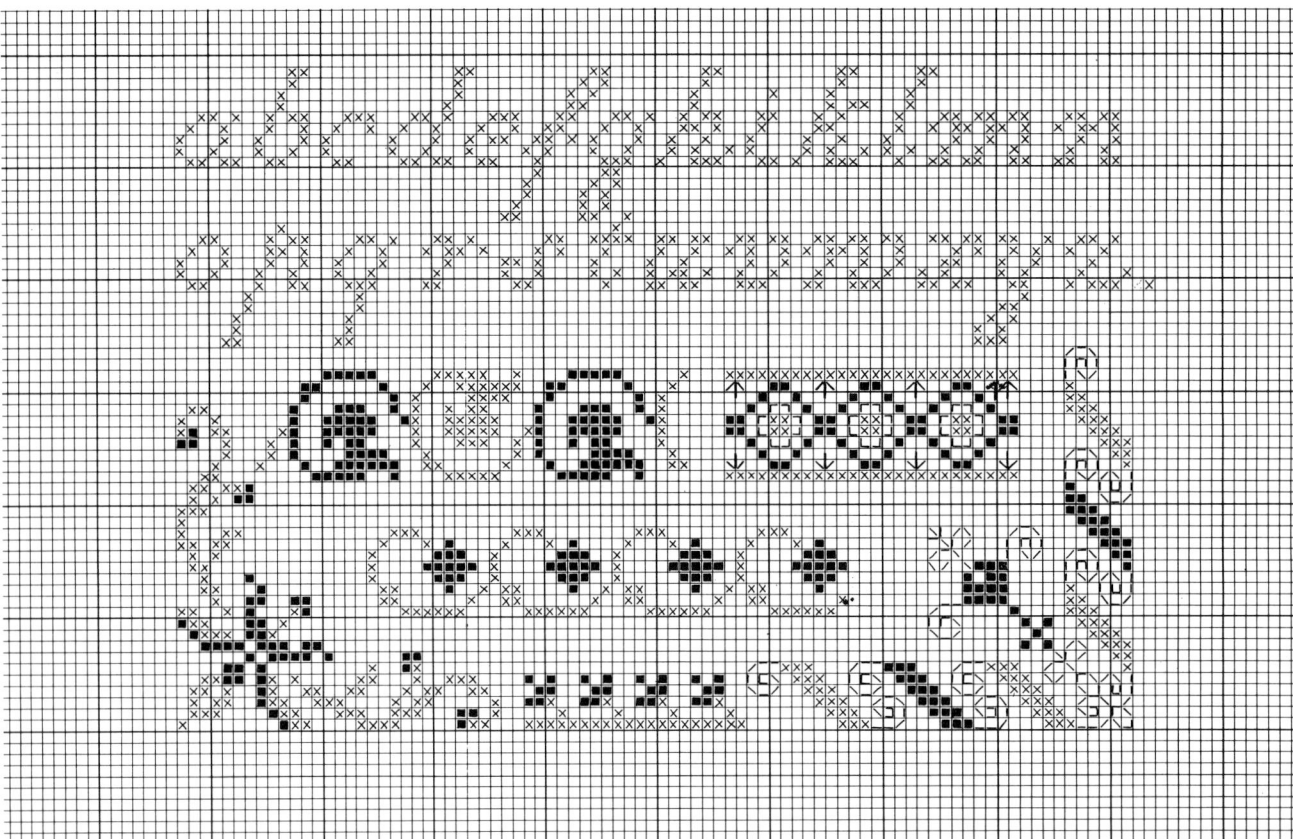

105

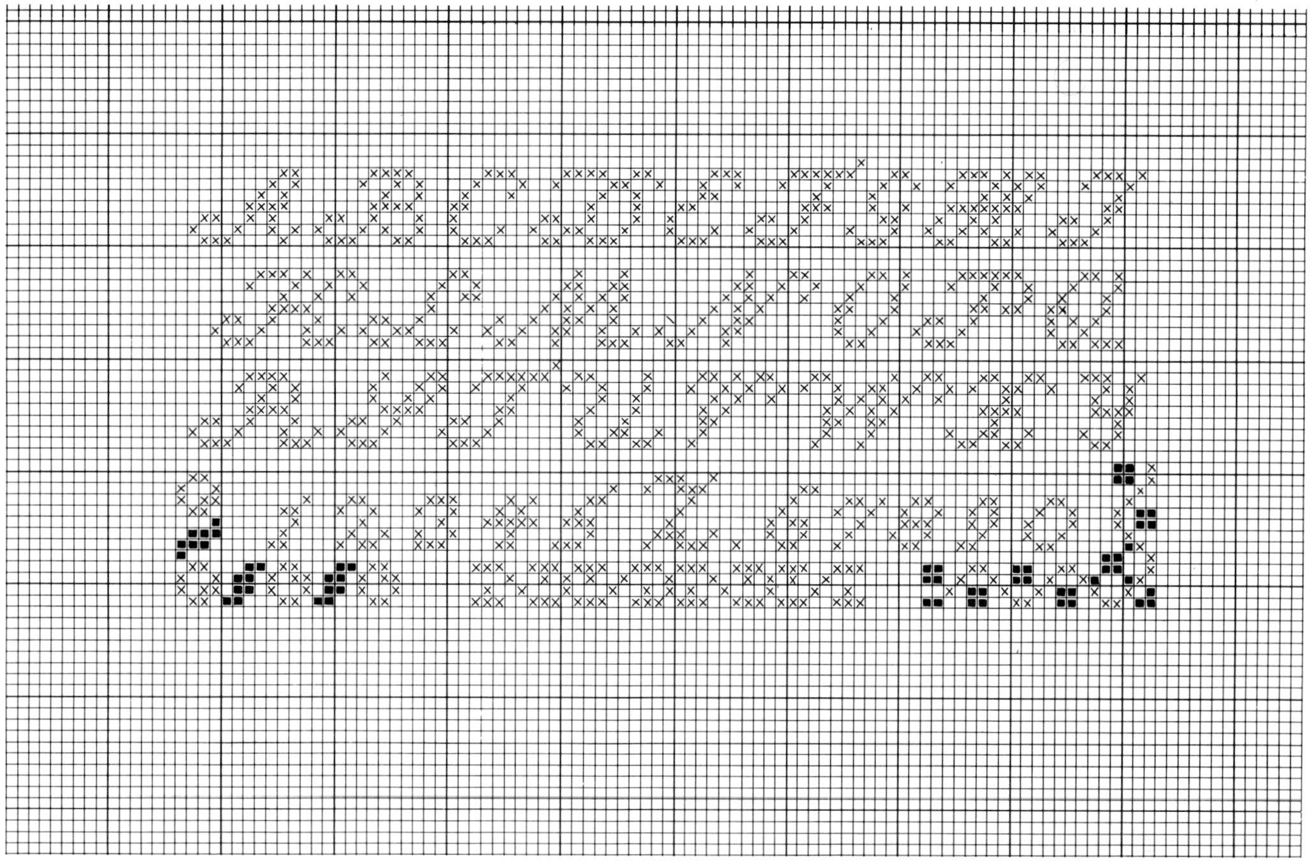

106

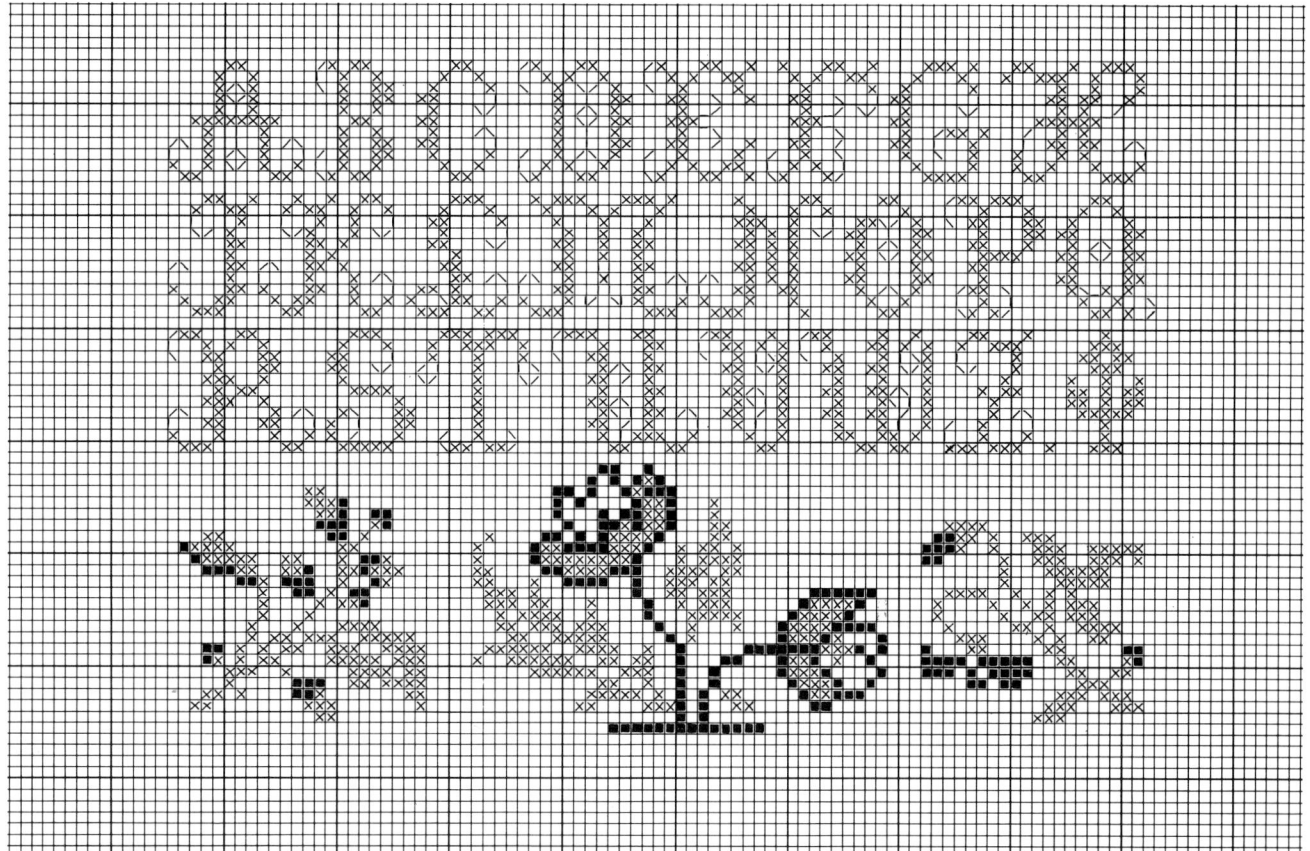

107

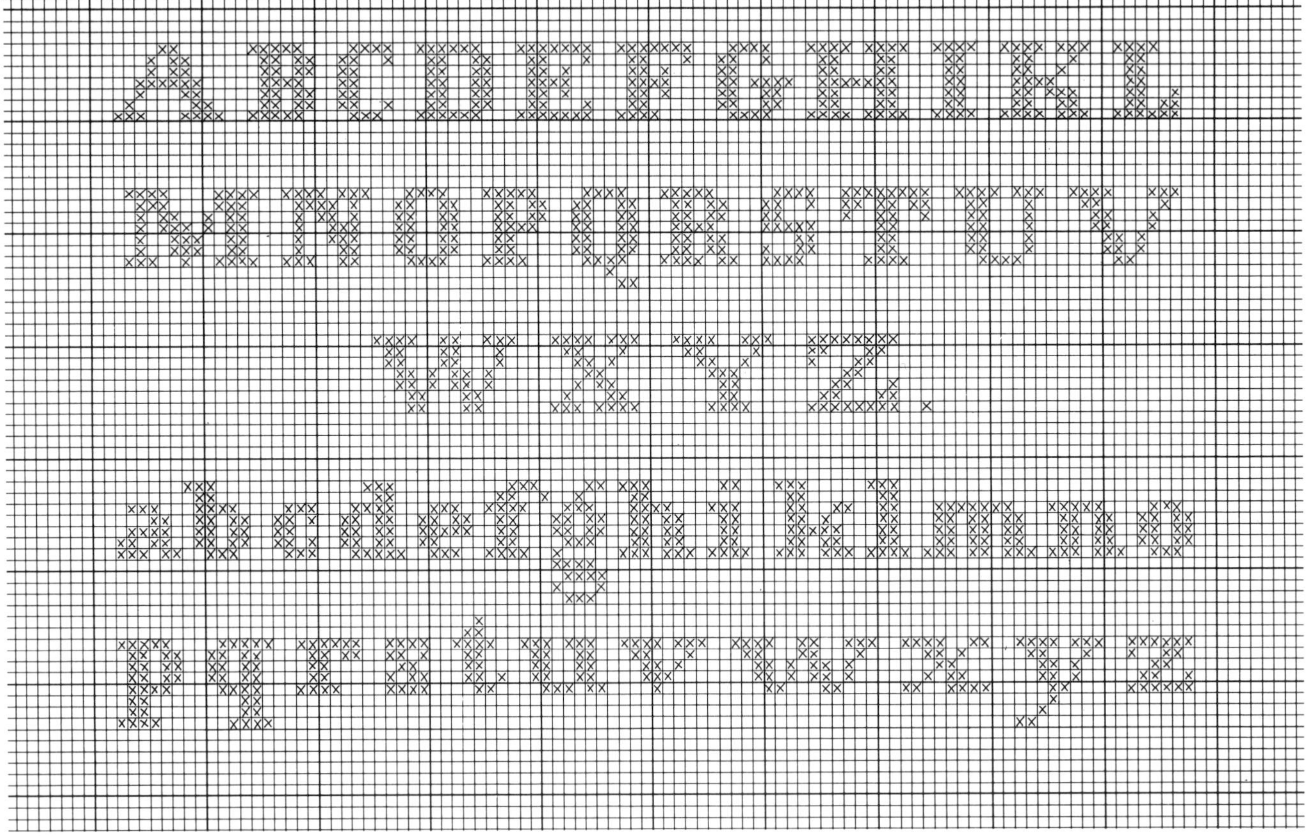

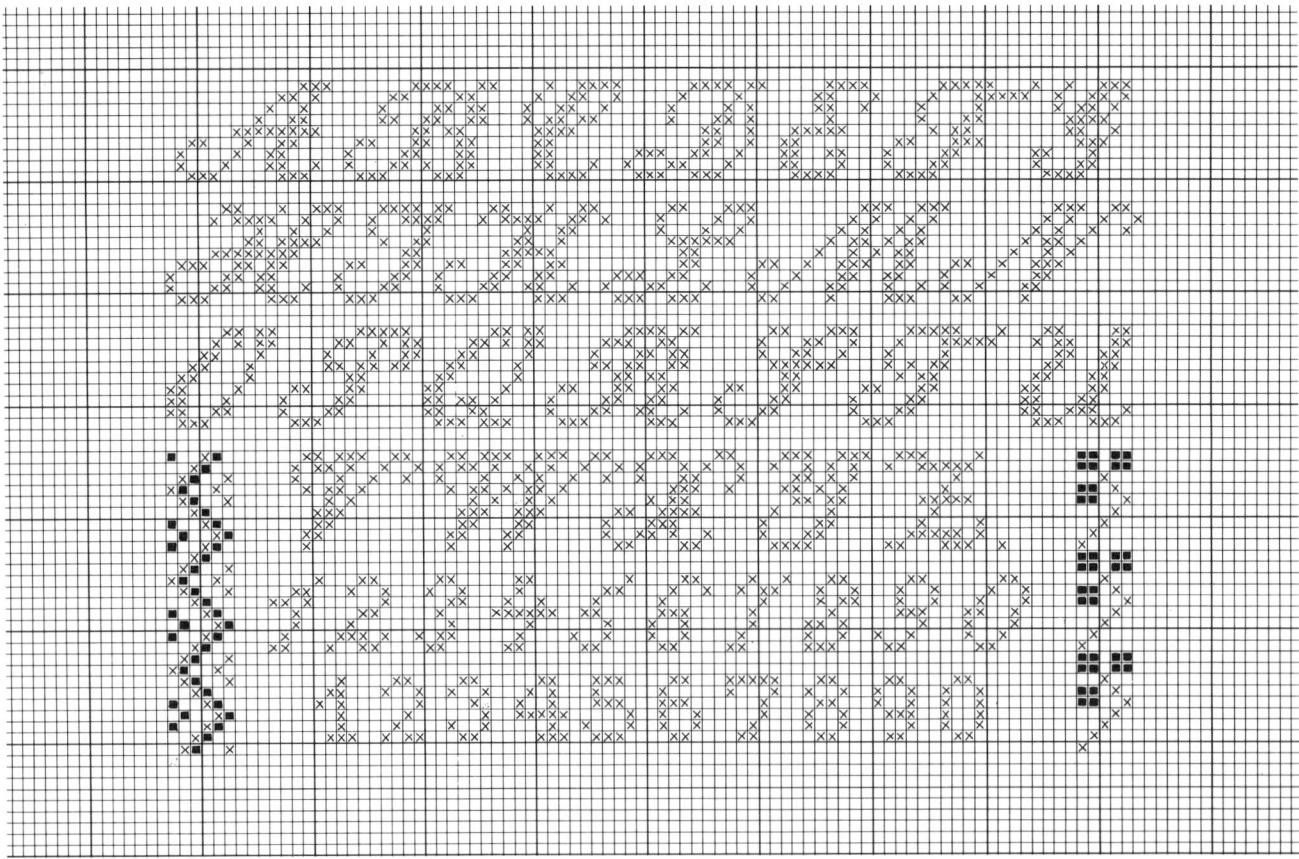

108

109

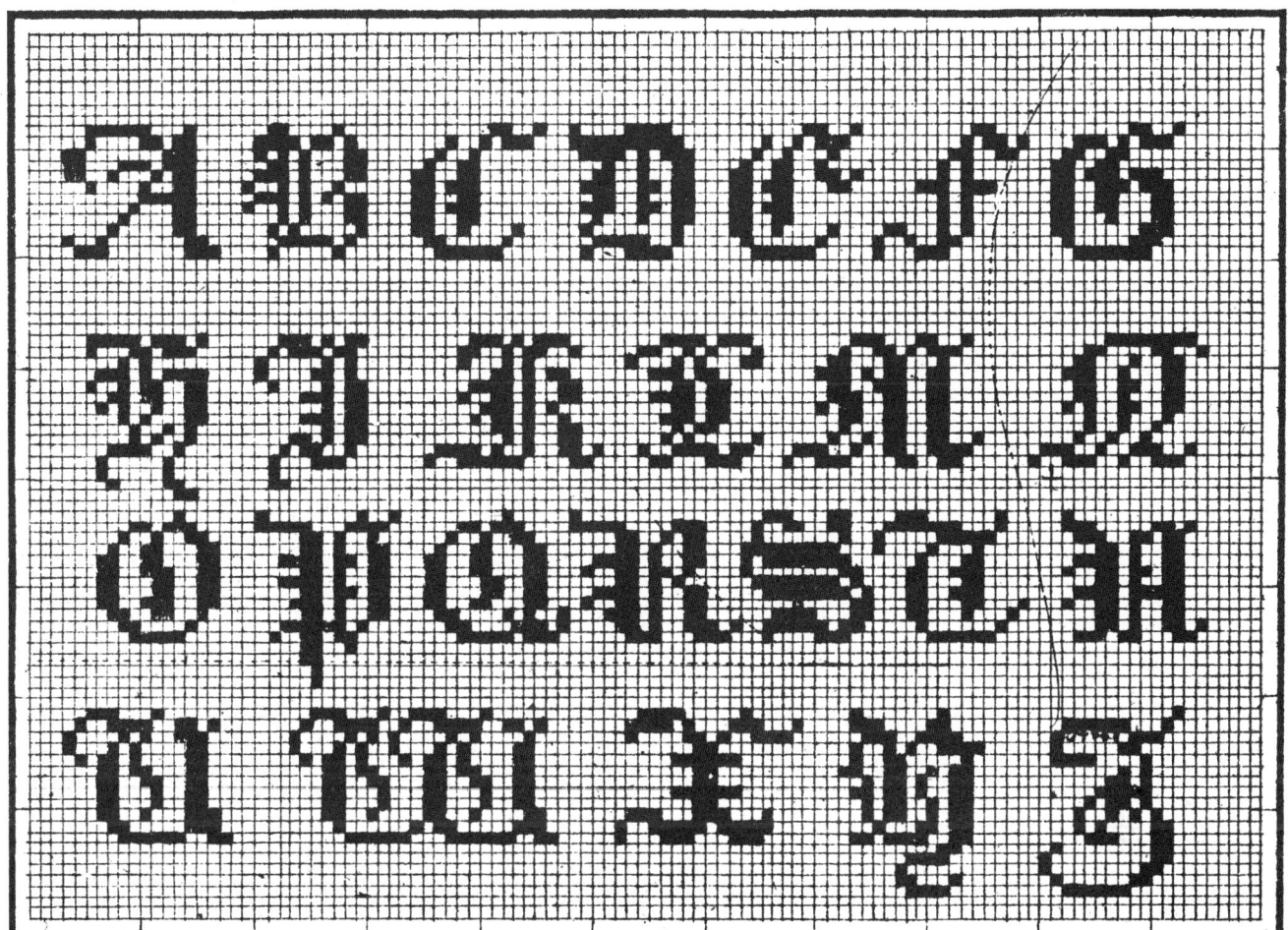

110

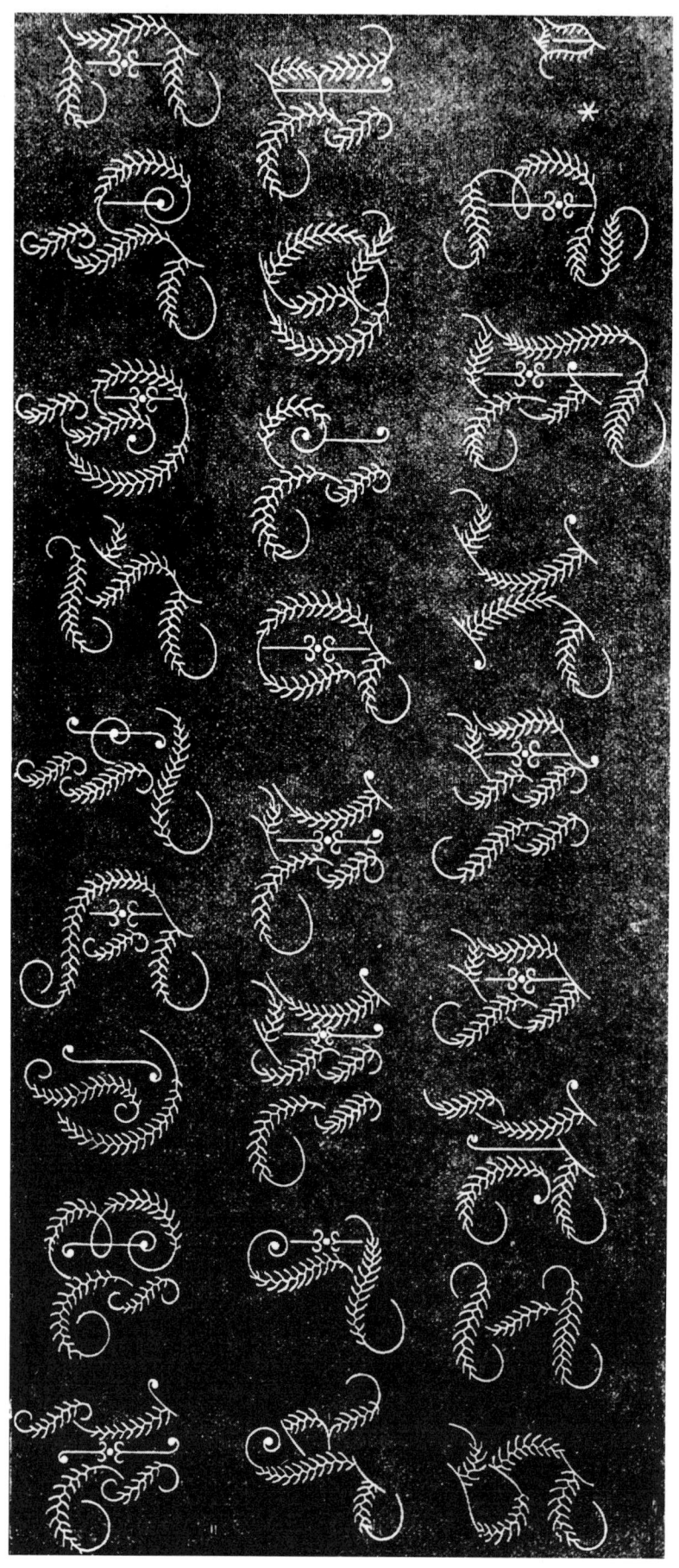

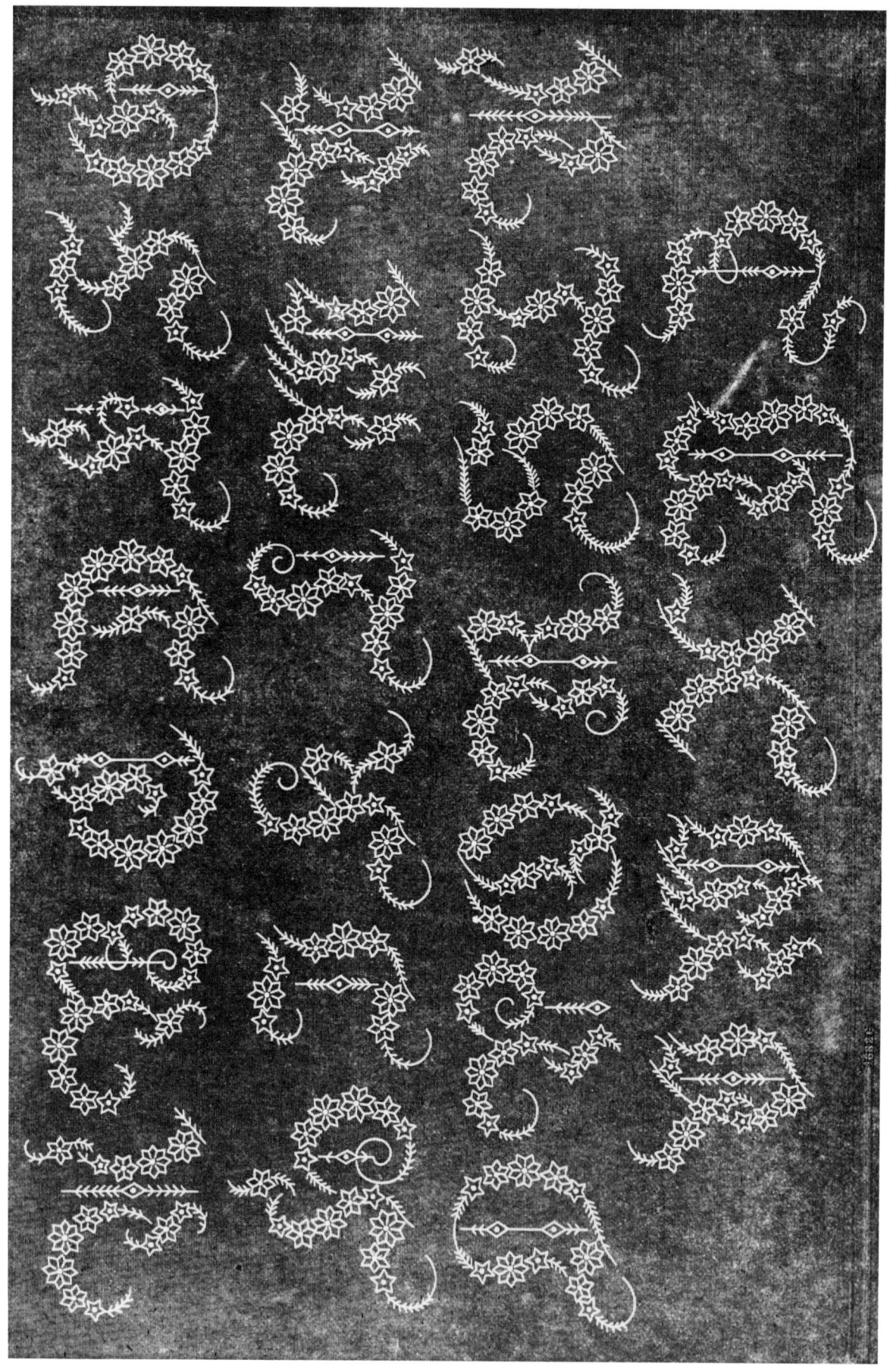

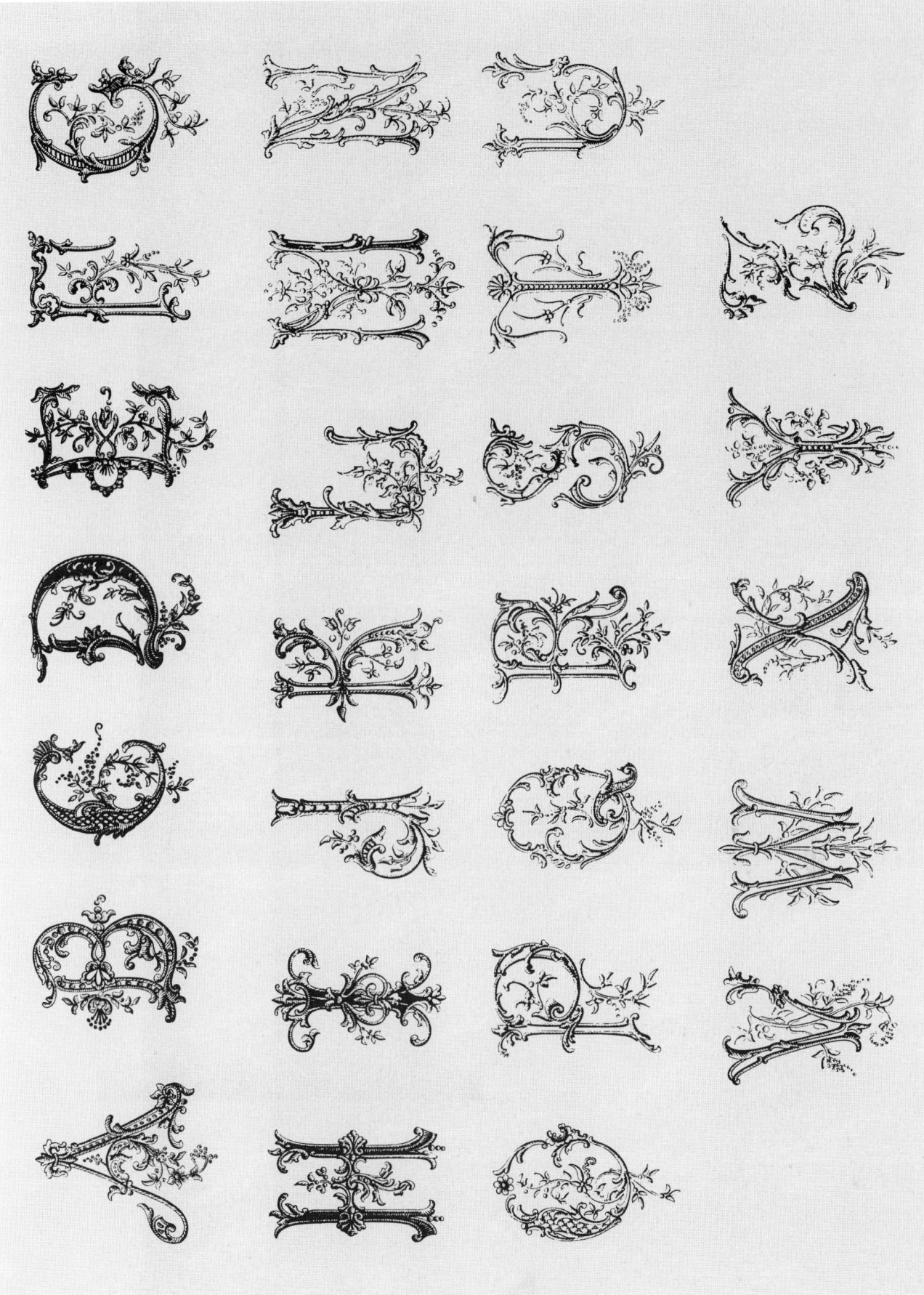

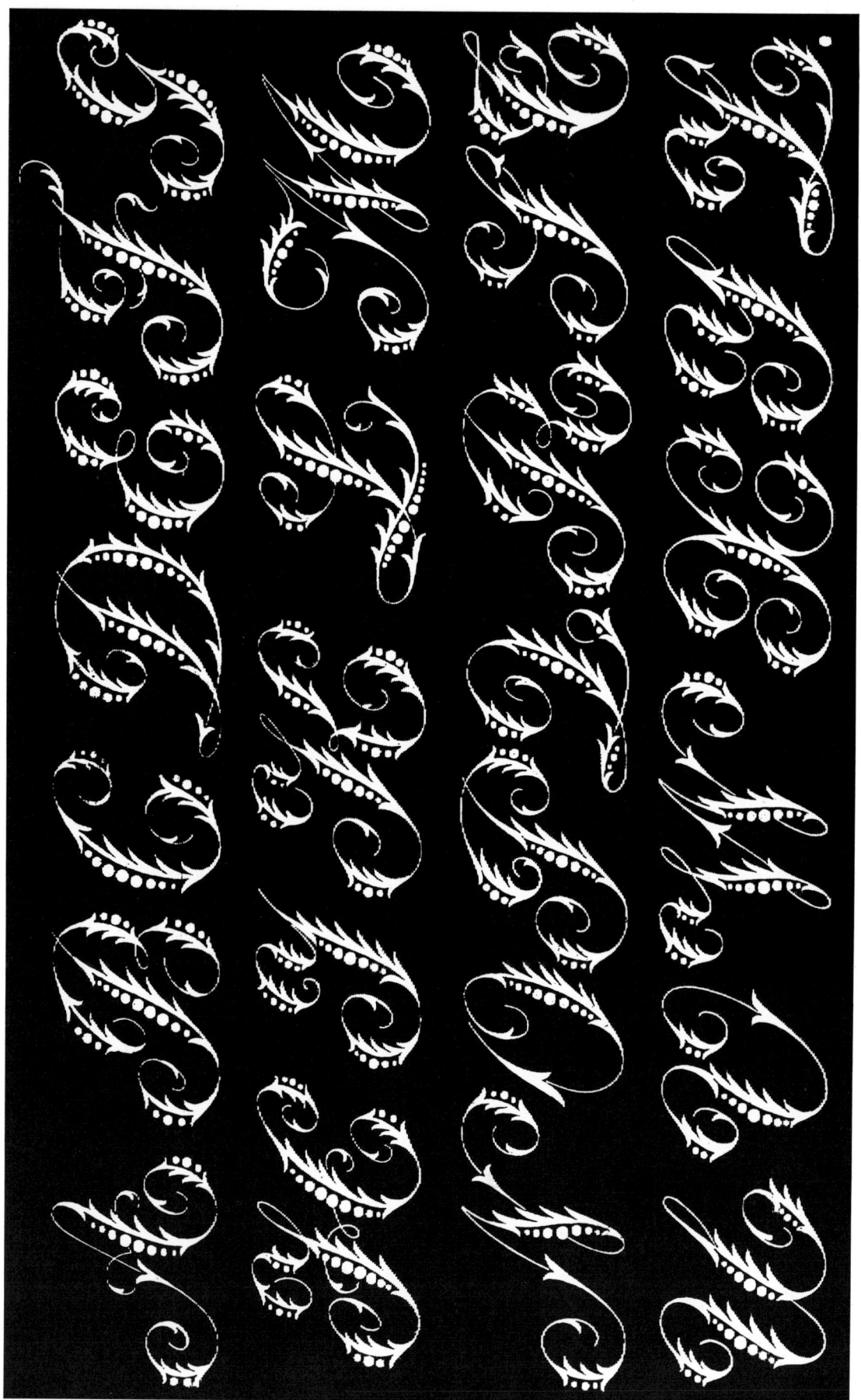

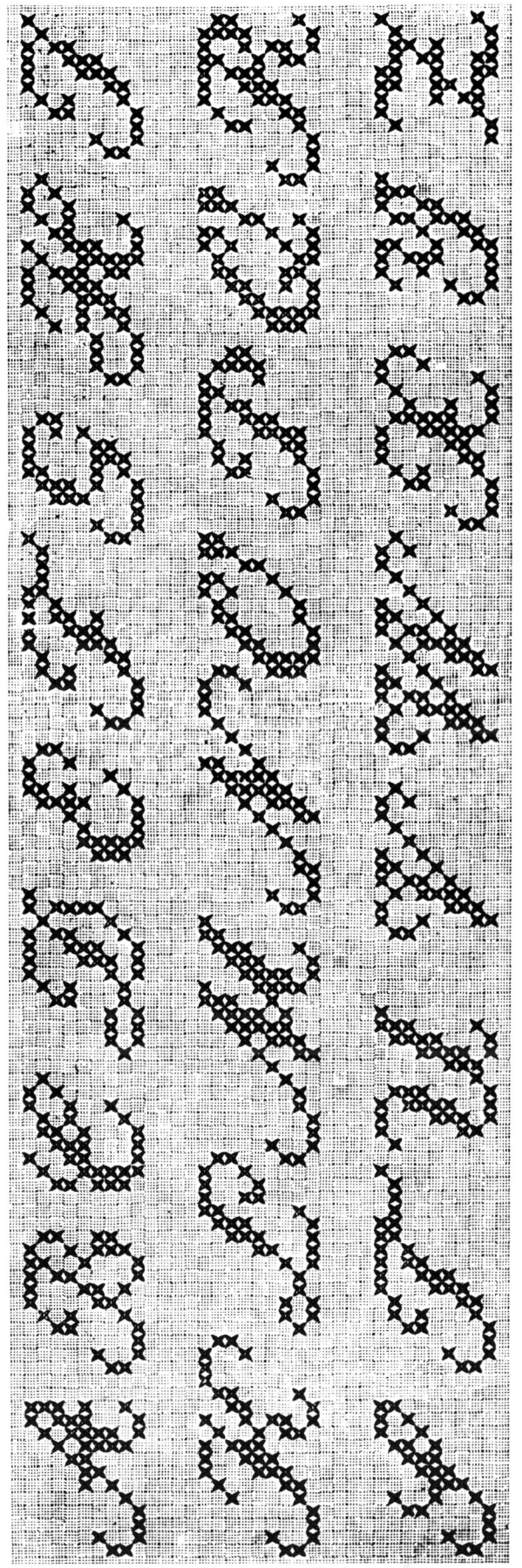

120 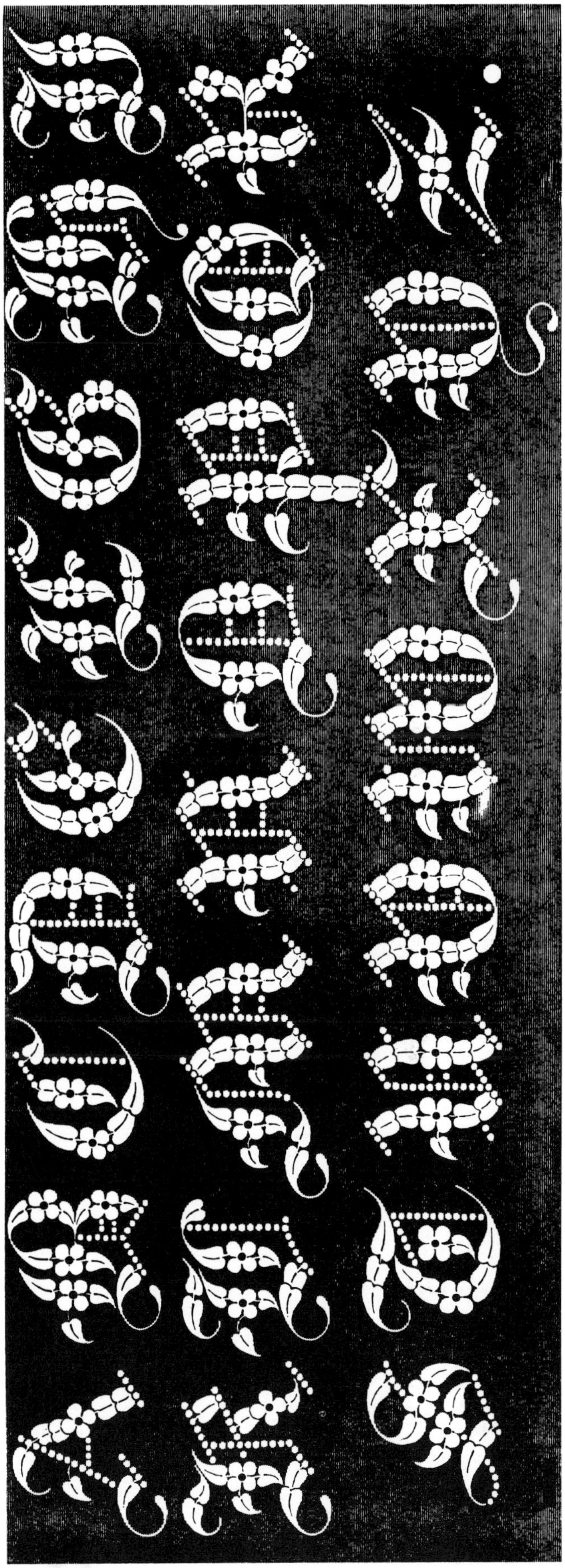   121

Anregungen und Motive aus der Ravensburger® Stickbibliothek.

Kurt A. Bernecker
Bänder und Borten
Bezaubernde Kreuzstichmotive für
Tischbänder und Borten zur Verschönerung
von Tischwäsche und anderen Textilien.
62 Seiten.
ISBN 3-473-**42485**-4

Kurt A. Bernecker
Fröhliche Ostern
Viele hübsche Motive rund ums Osterfest,
wobei der Osterhase im Mittelpunkt steht. Mit
genauen Stickanleitungen.
63 Seiten.
ISBN 3-473-**42488**-9

Kurt A. Bernecker
Das liebe Federvieh
Dieser neue Sticktitel dreht sich rund ums
liebe, bunte Federvieh. 23 neue, zauberhafte
Kreuzstichmotive laden zum Nacharbeiten
ein.
62 Seiten.
ISBN 3-473-**42487**-0

Eleonore Gross-Ekowski
Frühlingsblumen
Wunderschöne Motive bekannter und seltener
Frühlingsblumen können nach genauen
Stickanleitungen nachgearbeitet werden.
63 Seiten.
ISBN 3-473-**42483**-8

Eleonore Gross-Ekowski
Blütenträume in Kreuzstich
Farbenfrohe Sommerblumen in Kreuzstich
zur Verschönerung von großen und kleinen
Heimtextilien.
64 Seiten.
ISBN 3-473-**42484**-6

Jutta Lammèr
Weihnachtsstickereien
Bezaubernde Stickmotive in Kreuzstichtechnik. Durchgehend farbige Abbildungen
mit Vorlagen.
64 Seiten.
ISBN 3-473-**42482**-X

Jutta Lammèr
Sticken für Weihnachten
Das Buch enthält neue zauberhafte
Weihnachtsstickereien der bekannten
Autorin Jutta Lammèr.
64 Seiten.
ISBN 3-473-**42486**-2

Henriette Steinacker
Weißstickerei
Weißstickerei als wiederentdeckte Technik
für Anfänger und Fortgeschrittene.
64 Seiten.
ISBN 3-473-**42428**-5

Karin Zelle
Sticken
Alle Stickstiche, die zu einer vollendeten
Stickerei notwendig sind, werden in diesem
Buch in Wort und Bild in allen Variationen
vorgestellt.
63 Seiten.
ISBN 3-473-**42429**-3

Eva-Maria Leszner
Hardanger
Durchbruch-Stickerei
Aus dem norwegischen Hardangerfjord
kommt diese nostalgisch wirkende Stickerei.
Mit Beschreibung der Arbeitstechniken und
vieler Modelle.
126 Seiten.
ISBN 3-473-**43183**-4

Von Ravensburger® gibt es: Spiele, Puzzles, Hobby- und Malprogramme,
Kinder- und Jugendbücher, Sachbücher.